राजस्थान की थाली

राजस्थान की थाली

पौष्टिक • स्वादिष्ट • सरल

सुमन भटनागर
पुष्पा गुप्ता

अनुवाद
उषा कटारिया

बहुवचन

नियोगी बुक्स

An imprint of Niyogi Books

प्रकाशक

नियोगी बुक्स

ब्लॉक-डी, बिल्डिंग नं. 77
ओखला औद्योगिक क्षेत्र, फेज़-1
नई दिल्ली-110020, भारत
दूरभाष: 91-11-26816301, 26818960
ईमेल: niyogibooks@gmail.com
www.niyogibooksindia.com

डिज़ाइनः शशि भूषण प्रसाद

ISBN: 978-93-86906-78-6
प्रकाशन वर्षः 2019

मुद्रकः नियोगी ऑफसेट प्राईवेट लिमिटेड, नई दिल्ली, भारत

यह पुस्तक हमारी माताओं के लिए है जिन्होंने हमें प्रेम से भोजन पकाने के संस्कार दिए और हमारे नाती-पोतियों के लिए, जिन्हें इस परम्परा को आगे जारी रखना है।

जीवन तरंगः उदयपुर के निकट थूर की पाल गाँव में भीलों द्वारा प्रचलित लोकनृत्य–नाटिका गवरी की रंग–बिरंगी प्रस्तुति

पृष्ठ 2: गणगौर त्योहारः गणगौर माता के साथ एक शोभायात्रा

पृष्ठ 4–5: सौंदर्य एवं शांतिः आम्बेर फ़ोर्ट से एक दृश्य

विषय सूची

प्रस्तावना

राजस्थान भारतवर्ष का सबसे बड़ा राज्य है और देश की 5.67% जनसंख्या यहाँ पर निवास करती है। इसमें विभिन्न कृषि–जलवायु क्षेत्रों वाले 33 ज़िले हैं। इस प्रदेश के परम्परागत खाद्य पदार्थ जैसे अनेक प्रकार के अनाज, दालें, सब्जियाँ और फल तथा तैलीय बीज और दूध विभिन्न क्षेत्रों में उपजाए जाते हैं और प्रायः स्थानीय निवासियों द्वारा उनको प्रयोग में लाया जाता है। राजस्थान के लोग भोजन, परिधान, संस्कृति, सामाजिक एवं धार्मिक रीति–रिवाज़ और मान्यताओं के निर्वाह में सदियों पुरानी परम्पराओं का सम्मान करते हैं। इसलिए अधिकांशतः लोग घर की रसोई में बने पारम्परिक भोजन को ही खाना पसंद करते हैं। प्रायः वे अपनी खाद्य परम्परा को राज्य के अन्य कृषि–जलवायु क्षेत्रों की पाक कला से बदलना भी नहीं चाहते। दाल और बेसन से बना राजस्थान का सूखा अल्पाहार – भुजिया, नमकीन और पापड़ न केवल भारत अपितु विदेशों में भी प्रचलित है। राजस्थानी लोग मीठा पसंद करते हैं, इसलिए अनेक प्रकार की ताजा मिठाइयां राज्य के हर शहर और गाँव में उपलब्ध रहती हैं।

राजस्थान पारम्परिक खाद्य पदार्थों की एक विस्तृत और स्वादिष्ट विविधता प्रदान करता है, जो स्वाद में अद्वितीय हैं और आहार की दृष्टि से पौष्टिक भी होता है। तेजी से बदलते परिदृश्य और जीवन के साथ, कुछ परम्परागत व्यंजन वैश्विक फ़ास्ट फूड संस्कृति के संक्रमण में खो गए हैं। ऐसे में रसोई में परिश्रम के साथ परिवार के लिए भोजन बनाना और साथ बैठ कर खाना अब प्राथमिकता नहीं रह गई क्योंकि घर के बाहर काम के घंटे बढ़ गए हैं। युवा पीढ़ी ने एक ही समय में स्वयं को कई कार्यों में व्यस्त कर लिया है और लगभग सारा दिन 'नौकरी पर' और 'कॉल पर' ही रहती है। सीमित समय होने के कारण भोजन की आदतों और जीवन–शैली में भी बदलाव आया है। ऐसे आराम से बैठ कर पूरा भोजन करने की जगह स्नैक्स ने ले ली है। वहीं शाम के समय सामाजिक गतिविधियों के चलते 'फिंगर फूड' और 'क्विक बाइट्स' रात के हल्के भोजन का काम करते हैं।

इसलिए इस विचार को ध्यान में रखते हुए हमने घर के बने पारम्परिक व्यंजनों पर एक पुस्तक लिखने की परियोजना आरंभ की है जिससे राजस्थान की युवा पीढ़ी के साथ–साथ अन्य राज्यों के

लोगों को भी घरेलू ज्ञान हस्तांतरित हो सके। हम आशा करते हैं कि ये व्यंजन और पाक विधियाँ भावी पीढ़ी के रसोइयों, गृहकर्मियों और भोजन विशेषज्ञों में भी लोकप्रिय होंगे।

चयनित व्यंजनों को पांच श्रेणियों में वर्गीकृत किया गया है–अनाज, दाल, सब्जियाँ, मांसाहारी व्यंजन और त्योहारों के लिए विशेष व्यंजन। एक ही पकवान बनाने के कई तरीके हैं, लेकिन हमने इस किताब में सरलतम विधि बताने का प्रयास किया है। तैयारी का समय, खाना पकाने का समय, अवयवों, पोषण संबंधी मूल्यों और इसकी विविधताओं के लिए प्रत्येक रेसिपी को मानकीकृत किया गया है। स्वाद और पौष्टिकता बढ़ाने की दृष्ष्ट से हर रेसिपी में विचारपूर्वक विभिन्न खाद्द पदार्थों को मिलाया गया है जिसे मूल्य सवंर्धन के अन्तर्गत दर्शाया गया है। (स्वादिष्ट और पौष्टिक भोजन की दृष्टि से हर रेसिपी को विचारपूर्वक चुन कर अलग–अलग खाद्य पदार्थों के साथ जोड़ा गया है।) एक स्वादिष्ट और पौष्टिक भोजन की अवधारणा के लिए इस पुस्तक में समाज के विभिन्न वर्गों – स्थिर और गतिमान पुरुषों और महिलाओं, मध्यम से भारी काम करने वाले और विभिन्न आयुवर्ग के बच्चों के लिए अनुशंसित पोषण के बारे में जानकारी प्रदान की गई है। प्रत्येक व्यक्ति स्वयं के भोजन की मात्रा और आहार के पोषक तत्त्वों की दैनिक आवश्यकता का अनुमान लगा सकता है।

इस पुस्तक में राजस्थान के पारम्परिक व्यंजनों का चयन और मानकीकरण किया गया है। विशेष रूप से, नेशनल इंस्टीट्यूट ऑफ न्यूट्रिशन, हैदराबाद द्वारा 2011 में सी. गोपालन और अन्य द्वारा प्रकाशित 'न्यूट्रिटिव वैल्यू ऑफ इंडियन फूड्स' के अनुसंधान और संदर्भ के आधार पर व्यंजनों के पोषक मूल्यों की बारीकी से गणना की गई है। प्रत्येक रेसिपी की तैयारी और खाना पकाने के समय का अनुमान लगाया गया है। खाने के लिए आवश्यक विभिन्न खाद्य संयोजन, मूल्य संवर्धऩ और व्यंजनों में रुचि, लेकिन स्वास्थ्यप्रद विविधताओं को शामिल किया गया है। प्रत्येक समूह के पुरुषों, महिलाओं और बच्चों के लिए अनुशंसित दैनिक आहार का विवरण दिया गया है, ताकि पोषक तत्त्वों और कैलोरी की दैनिक खपत के अनुमान लगाएं जा सके। आशा की जाती है कि गृहकर्मियों, रसोइयों और खाद्यप्रेमियों की युवा पीढ़ी उनके अत्याधुनिक मॉड्यूलर रसोई में प्रयोग कर पारम्परिक राजस्थानी जायके लुत्फ उठाने का प्रयास करेंगे।

–सुमन भटनागर और पुष्पा गुप्ता

राजस्थान में स्वागत और स्थानीय व्यंजन
(पधारो म्हारे देश)

राजस्थान उपमहाद्वीप के उत्तर–पश्चिमी भाग में स्थित है। यह उत्तर एवं उत्तर–पूर्व में पंजाब और हरियाणा से, पूर्व और दक्षिण–पूर्व में उत्तर प्रदेश और मध्य प्रदेश से, दक्षिण–पश्चिम में गुजरात और पश्चिम तथा उत्तर–पश्चिम में पाकिस्तान से घिरा हुआ है। राज्य का कुल क्षेत्रफल 3,42,239 वर्ग किलोमीटर है। राजधानी जयपुर राज्य के पूर्व मध्य भाग में स्थित है।

राजस्थान रोमांस, शाही शान, वीरता और शिष्टता के लिए प्रसिद्ध है। पश्चिम में थार रेगिस्तान, दक्षिण में शक्तिशाली अरावली पर्वत व उत्तरी और पूर्वी हिस्सों में हरे–भरे क्षेत्र वाला राजस्थान राष्ट्र के सबसे सुंदर राज्यों में से एक है। दूर–दूर तक फैला हुआ रेगिस्तान धीरे–धीरे हरे भरे–हरे रंग के पर्णपाती जंगलों में विलीन हो जाता है। राज्य में कई वन्यजीव अभयारण्य और राष्ट्रीय उद्यान हैं। राज्य की अर्थव्यवस्था में पर्यटन का महत्त्वपूर्ण योगदान है क्योंकि राजस्थान देश और दुनिया के प्रसिद्ध आकर्षक पर्यटन स्थलों में से एक है।

थार रेगिस्तान दुनिया का अठारहवां सबसे बड़ा उप–उष्णकटिबंधीय रेगिस्तान है और यह विश्व में सबसे अधिक आबादी वाले रेगिस्तान के रूप में प्रसिद्ध है। सूर्य की किरणों से प्रतिभासित स्वर्णिम रेत के टिब्बे और मीलों तक फैला जैसलमेर में थार, उदयपुर में सुन्दर झीलें और माउंट आबू, विविध प्रकार के वनस्पतियों और जीवों से समृद्ध घने जंगल – जिसमें राजसी रॉयल बंगाल टाईगर भी शामिल हैं, भव्य अरावली पर्वतमाला, पुराने किले, महल, मूर्तिकला से सुसज्जित मंदिर और अनेक स्मारक राज्य के परिदृश्य को अनूठी सुंदरता प्रदान करते हैं और इसे भारत का सबसे खूबसूरत, रंगीन और पर्यटन–अनुकूल क्षेत्र बनाते हैं। ब्यास, चंबल, बनास, लूनी और माही जैसी प्रसिद्ध नदियां राज्य की जीवनरेखा हैं। जयपुर, जोधपुर, जैसलमेर, डीग और उदयपुर के पुराने महल रजवाड़ों की शानदार

कहानियां बताते हैं। आमेर, चित्तौड़गढ़, जैसलमेर, रणथंभौर, गगरौन (झालावाड़) और कुंभलगढ़ के किले राजपूताना क्षेत्र के महाराजाओं और महाराणाओं के प्रसिद्ध शौर्य गाथाओं के साक्षी के रूप में विद्यमान हैं। इनमें से कुछ किलों को यूनेस्को द्वारा विश्व विरासत स्थलों के रूप में घोषित किया गया है।

भारत की आजादी के समय देश में कई रियासतें थीं। 1956 में वर्तमान राजस्थान की स्थापना हुई थी। अब इसमें 33 प्रशासनिक जिले और 25 संसदीय निर्वाचन क्षेत्र हैं। राज्य उस विशेष क्षेत्र में लोकप्रिय रूप से बोली जाने वाली स्थानीय सामाजिक–सांस्कृतिक परम्पराओं और क्षेत्रीय भाषा बोली पर आधारित आठ अलग–अलग क्षेत्रों (अंचल) में विभाजित है – ये अंचल हैं हड़ौती, मारवाड़, मेवाड़, शेखावाटी, ढूंढाड़, मेवात, ब्रज और वागड़। राजस्थान में प्रकृति और मौसम के परिवर्तन को अनेक त्योहारों और मेलों के माध्यम से मनाया जाता है। लोगों को उत्सव आयोजन या त्योहार मनाने के लिए किसी कारण की आवश्यकता नहीं होती। ऋतु परिवर्तन हो या परिवार या पड़ोस में शादी का उत्सव, सभी में नृत्य, संगीत और दावतों के माध्यम से प्रचलित लोक परम्पराओं की झलक दिखाई देती है। लोग चटकीले रंगों के शौकीन हैं। राज्य के कई हिस्सों में कठोर, अर्ध–शुष्क प्राकृतिक वातावरण की नीरसता को दूर करने के लिए लोग रंग–बिरंगे कपड़े पहनना पसंद करते हैं।

राज्य की सांस्कृतिक परम्परा 5000 वर्ष प्राचीन है। राज्य अपने समृद्ध सौंदर्य और सांस्कृतिक परम्पराओं के लिए जाना जाता है, जो निश्चित रूप से प्राचीन मान्यताओं, विश्वासों और मूल्यों से जुड़ी भारतीय जीवन–शैली का अभिन्न अंग और आत्मा हैं। सांस्कृतिक और सामाजिक विविधता से परिपूर्ण राजस्थान भारतीय विरासत का समृद्ध झरोखा होने के साथ–साथ समकालीन वैश्विक प्रभावों को भी स्वयं समाहित किये हुए है। लोकगीत और नृत्य राजस्थानी संस्कृति का एक महत्त्वपूर्ण अंग हैं। यहाँ परम्पराएं आधुनिक और समकालीन उल्लसित एवं अपनत्व से परिपूर्ण जीवन–शैली के साथ मानो

सामने का पृष्ठः हरित और स्वर्णिमः धीरे–धीरे समृद्ध हरे पर्णपाती जंगलों में विलीन होता हुआ उष्णकटिबंधीय रेगिस्तान

TICKETS

घुलमिल जाती हैं। अधिकांश प्राचीन महलों और हवेलियों को, जहां राजा–महाराजा रहा करते थे, प्रसिद्ध लग्ज़री होटलों में तब्दील कर दिया गया है। राज्य के प्रसिद्ध मंदिरों और मस्जिदों ने वर्षों से हजारों तीर्थयात्रियों को आकर्षित किया है। राजस्थान के लोग स्वतंत्र रूप से अपने व्यक्तिगत धर्म का पालन करने के साथ ही अन्य धर्मानुयायियों के साथ मिलजुल कर रहते हैं। राज्य की समृद्ध पुरानी विरासत राष्ट्रीय और अंतर्राष्ट्रीय पर्यटकों को आकर्षित करती है।

यहाँ गर्मियों का उच्च तापमान और सर्दियों की ठिठुरती रातें प्रसिद्ध हैं। पानी की कमी, रेतीले और पहाड़ी और चट्टानी इलाकों में अलग–अलग फसल, विशेष रूप से सब्जियों और फलों की खेती करना सहज नहीं होता है। हालांकि राज्य के मेहनतकश लोग अपनी आवश्यकता की पूर्ति के लिए अनाज, दाल, सब्जियाँ, मसाले, तिलहन और दूध का उत्पादन करते हैं। मसालों, तिलहन और दूध जैसे कुछ उत्पादों को अन्य राज्यों में बेचा भी जाता है। परिवहन सुविधाओं में सुधार के परिणामस्वरूप और तेजी से बेहतर होती हुई सड़कों के कारण पड़ोसी राज्यों से अन्य किस्म की सब्जियों और फलों को आसानी से राजस्थान के शहरी इलाकों में लाया जाता है। राजस्थान में व्यंजनों की एक समृद्ध परम्परा है, क्योंकि यहाँ के शाही महलों में कुछ उच्च कोटि के रसोइये हुआ करते थे। राजस्थान का भोजन भी राज्य की भौगोलिक आकृति की भाँति ही विविधतापूर्ण है। राज्य के लोग मैत्रीपूर्ण और हर्षोल्लास से भरे होते हैं। उनके रंग–बिरंगे जीवंत परिधान और घरों की साज–सज्जा एक अनोखे उत्साह का संचार करती है। लोग अपने मनुहार (आतिथ्य) के लिए प्रसिद्ध हैं। राजस्थानी व्यंजन चटपटे, वसा में समृद्ध और मीठे होते हैं। हींग, जीरा, अजवायन, लाल मिर्च, सौंफ, मेथी दाना (अंग्रेजी नामों के लिए शब्दावली देखें) इत्यादि मसालों तथा अदरक, लहसुन और प्याज का भोजन में एक विशेष स्थान होता हैं, जो स्वाद और सुगंध के

सामने का पृष्ठ ऊपरः परम्परा और रिवाजः गणगौर का उत्सव

सामने का पृष्ठ नीचेः कला नृत्य, चमकदार रंगों, पारंपरिक पोशाक और जीवंत संगीत के साथ जीवन का जश्न मनाते हुए गेयर लोग

Shyam
Shyam

साथ–साथ भोजन में कुछ औषधीय मूल्य भी जोड़ते हैं। राज्य के विभिन्न भागों से संबंधित क्षेत्रों में उगाई जाने वाली मुख्य फसलों के द्वारा व्यंजनों की एक किस्म तैयार होती है। राजस्थान में दूध का उत्पादन पर्याप्त मात्रा में होता है। राजस्थान की रसोई में दूध और दूध उत्पादों जैसे छाछ, दही, घी, पनीर और खोये का प्रचुर मात्रा में प्रयोग होता है, जो प्रोटीन, कैल्शियम और विटामिन प्रदान करते हैं। राज्य का पश्चिमी भाग आंशिक रूप से दिल्ली और राष्ट्रीय राजधानी क्षेत्र (एनसीआर) में कुल दूध की मांग की आपूर्ति करता है।

राज्य में वर्ष पर्यन्त गेहूँ का सेवन किया जाता है। दक्षिण भाग में विशेष रूप से मक्का के व्यंजन खाये जाते हैं, जबकि सर्दी के मौसम में पश्चिमी और पूर्वी हिस्सों में बाजरे (मोती बाजरे) के व्यंजनों का लुत्फ लिया जाता है। सिंचाई सुविधा के सीमित उपलब्धता के कारण सब्जियों और फलों की खपत भी सीमित है। केर सांगरी, दाल बाटी चूरमा, गट्टे की सब्जी, झकोलमा पूरी और लाल मांस राजस्थान के अति लोकप्रिय व्यंजन हैं। यहाँ के लोग बहुत अधिक मीठा खाना पसंद करते हैं। अतः मिठाई यहां प्रतिदिन के भोजन का अभिन्न अंग है, यही कारण है कि राजस्थान की सड़कें और गलियां हलवाइयों की दुकानों से भरी रहती हैं। जोधपुर की मावा कचौड़ी, जयपुर का घेवर, अलवर का अलवरपाक, उदयपुर की दिलजानी और बीकानेर के रसगुल्ले कुछ लोकप्रिय क्षेत्रीय व्यंजन हैं। घर के दैनिक भोजन में विभिन्न त्योहारों के अवसर पर विविधता लाकर विशेष लुत्फ लिया जाता है।

इस पुस्तक में प्रस्तुत राजस्थान के पारम्परिक खाद्य पदार्थ सभी आयुवर्ग के लोगों की पोषण संबंधी आवश्यकताओं की पूर्ति करते हैं। इसलिए तीन पीढ़ियों का प्रतिनिधित्व करने वाले एक परिवार के सभी सदस्य घर में बने इन पारम्परिक व्यंजनों को खाकर पूरी तरह से स्वस्थ और तार्किक रूप से सक्रिय जीवन जी सकते हैं।

सामने का पृष्ठ ऊपरः राजस्थान की कठोर प्राकृतिक वातावरण से जुड़ी विभिन्न कृषि–जलवायु परिस्थितियां हैं।

सामने का पृष्ठ नीचेः काँच की चूड़ियों की बिक्रीः रेगिस्तान के बीच रंग की चमक और चकाचौंध से आनंद और जीवंतता का संचार

उत्सव के समयः राजस्थान के प्रसिद्ध हलवाई स्वादिष्ट मिठाईयाँ बेचते हुए

यद्यपि समय के साथ साथ, भारतीय बाजार के वैश्वीकरण और बदलती जीवन–शैली के कारण राजस्थानी रसोई से पारम्परिक भोजन धीरे–धीरे लुप्त होता जा रहा है। फ़ास्ट फूड रेस्तराओं में राजस्थानी भोजन इतनी आसानी से उपलब्ध नहीं होता–जैसे कि दक्षिण भारतीय पारम्परिक भोजन डोसा, इडली व अन्य सरलता से उपलब्ध हो जाते हैं। दूसरी ओर फ़ास्ट फूड धीरे–धीरे शहर के घरों के खाने की मेज पर कब्जा करता जा रहा है, जबकि यह सभी जानते हैं कि फ़ास्ट फूड स्वास्थ्य के लिए हानिकारक है। वस्तुतः इस पुस्तक के माध्यम से युवाओं के बीच पारम्परिक और पौष्टिक राजस्थानी भोजन का ज्ञान और उसकी लोकप्रियता के प्रचार–प्रसार के लिए एक अच्छा प्रयास किया गया है।

ज़ायका अनाज का

गेहूँ, बाजरा, मक्का, ज्वार और जौ राजस्थान की प्रमुख अनाज की फ़सलें हैं। कमांड क्षेत्रों में धान की खेती भी होती है। गेहूँ अधिकतर राज्य के उत्तरी और पूर्वी हिस्सों में जहां रबी मौसम के दौरान सिंचाई की सुविधा उपलब्ध है (वसंत ऋतु में फ़सल कटाई के लिए), उगाया जाता है। मक्का, बाजरा और ज्वार खरीफ़ फ़सलें (शरद ऋतु में मानसून की फ़सल कटाई के लिए) आमतौर पर वर्षा से उगाई जाती हैं, सिंचाई पर निर्भर नहीं होतीं। राज्य के दक्षिणी हिस्से में मक्का की, जबकि राज्य के पश्चिमी और पूर्वी हिस्सों में बाजरा और ज्वार की खेती की जाती है।

गर्मी के मौसम में आमतौर पर गेहूँ और ज्वार का सेवन किया जाता है तथा सर्दियों के मौसम में मक्का और बाजरा का सेवन किया जाता है। ये अनाज कार्बोहाइड्रेट, विटामिन बी कॉम्प्लेक्स, खनिज और चोकर का उत्तम प्राकृतिक स्रोत हैं। राजस्थान में आमतौर पर खाये जाने वाले अनाजों के पोषक मूल्य को परिशिष्ट तालिका 1 में दिया गया है। राजस्थान में अनाज का सेवन विभिन्न रूपों और सम्मिश्रणों में किया जाता है। आजकल राजस्थान में मिश्रित भोजन की अवधारणा प्रचलित है। इस भाग में गेहूँ, मक्का और बाजरा अनाजों को पकाने की विधियाँ दी गईं हैं।

गेहूँ

गेहूँ से बहुत से व्यंजन तैयार किए जाते हैं और राजस्थान में लोगों के दैनिक आहार में शामिल होते हैं, जिनमें से कुछ विशेष अवसरों और त्योहारों से भी जैसे दाल, बाटी और चूरमा प्रसिद्ध है। पूरे राज्य में यह पारम्परिक सम्मिश्रण प्रचलित है। बाटी देसी घी में डूबा हुआ सेंका हुआ/ भुना हुआ/उबला हुआ/तला हुआ गेहूँ के आटे का एक पेड़ा है। बाटी मिक्स दाल के साथ परोसी जाती है। चूरमा लड्डू गेहूँ, घी और चीनी से बनते हैं। यह संयोजन मीठे-नमक-और मिर्च का एक मिश्रित, अद्वितीय और रोमांचक स्वाद उत्पन्न करता है, जिसमें घी भी है, तरलता भी है और कुरकुरापन भी है। पिकनिक, धार्मिक आयोजनों, और विशेष अवसरों पर इस भोजन का आनंद लिया जाता है।

सादी बाटी

गेहूँ के आटे के सिंके गोले

8 बाटी बनाने के लिए

तैयारी का समय: 20 मिनट

पकाने का समय: 25 मिनट

सामग्री:

आटा: 250 ग्राम

घी: 80 ग्राम (40 ग्राम मोयन के लिए और 40 ग्राम परोसने के लिए)

नमक: स्वादानुसार

पानी: आटा गूँधने के लिए

विधि:

- थाली में गेहूँ के आटे में नमक और घी मिलाएं. आटे को मसलें और गूँध लें। थोड़ा सख़्त गूँधें। एक घंटे के लिए कपड़े से ढक कर रख दें। मध्यम आकार के गोले बनाएं।
- ओवन को 180 डिग्री सेल्सियस तक या गैस तंदूर को गरम कर लें। बाटियों को ट्रे या तंदूर ग्रिल में लगाएं।.
- बाटियों को धीमी आँच पर सेंकें। सुनहरा होने तक दो तीन बार पलट कर सेंकें।
- सेंकते समय बाटियों की सतह पर दरार बनने के साथ ही प्रक्रिया पूर्ण हो जाती है।
- सिंकी हुई बाटियों को तंदूर से उतार कर उनमें गर्म घी की कुछ बूंदें डालें।
- दाल के साथ गरमागरम परोसें।

मूल्य संवर्धन:

- गेहूँ के आटे में बेसन, रवा/सूजी, सौंफ, मोटा पिसा धनिया, अजवायन और एक चुटकी हल्दी भी मिलाई जा सकती है।
- मक्की के आटे से बनी बाटी दक्षिण राजस्थान में प्रचलित है।

विविधता:

- बाफला बाटी: गेहूँ के आटे के गोले को गरम पानी में 15 से 20 मिनट तक तेज आँच पर उबाला जाता है। गोले सतह से ऊपर आने पर बाहर निकाल कर सुखा लें। तत्पश्चात सादी बाटी की तरह सेंक ले।
- तलवाँ बाटी: उबाले हुये गोलों को सुखा कर घी में तल लें।
- भरवाँ बाटी: उबले आलू, मटर, हरी मिर्च, हरा धनिया और सूखे मसाले मिला कर चटपटा मिश्रण बना लें। पेड़े को हाथ में ले कर उंगली से दबायें। अब उसमें मसाला भर कर अच्छी तरह से बंद करके सेंकें या तलें।

प्रति 100 ग्राम पोषक मूल्य:

प्रोटीन ग्राम	ऊर्जा कैलोरी	कैल्शियम मिलीग्राम	लोहा मिलीग्राम	कैरोटिन μ ग्राम	थायमिन (बी 1) मिलीग्राम	राइबोफ्लेविन (बी 2) मिलीग्राम	नायासिन (बी 3) मिलीग्राम
30.3	1527	120	12.3	557	1.2	0.4	10.8

चूरमा

गेहूँ के आटे के मीठे लड्डू

सामग्री:

बारीक पिसा आटा: 250 ग्राम
बूरा चीनी: 200 ग्राम
घी: 180 ग्राम
नारियल चूरा: 15 ग्राम
बादाम (कटे हुए): 10 ग्राम
पानी: आटा गूँधने के लिए

चूरमा राजस्थान की पारम्परिक मिठाई है जिसका सेवन प्रायः दाल और बाटी के साथ किया जाता है। गणेश चतुर्थी पर इसे त्योहार की मिठाई के रूप में बनाया जाता है।

10 से 12 लड्डू बनाने के लिए
तैयारी का समय: 30 मिनट
पकाने का समय: 30 मिनट

विधि:

- आटे में 60 ग्राम घी मिलाएं, अच्छी तरह मसलें और थोड़ा सख़्त गूँधें।
- मुठिया आकार के गोले बनाएं और सुनहरा होने तक तलें।
- गरम मुठिया को तोड़ कर दरदरा होने तक पीसें।
- इसमें घी, बूरा चीनी, नारियल और कटे हुए बादाम मिला दें।
- गरम मिश्रण के लड्डू बना लें।
- दाल और बाटी के साथ परोसें।

मूल्य संवर्धन:

- चूरमा बनाने के लिए सूजी/चावल का आटा/मक्की का आटा/बाजरे के आटा का भी इस्तेमाल किया जा सकता है।
- गुलाब की सूखी पत्तियों को भी चूरमा में मिलाया जा सकता है।
- चूरमा बनाने के लिए मुठिया को तलने की बजाय मोटी रोटी बना कर भी सेंका जा सकता है।

प्रति १०० ग्राम पोषक मूल्य:

प्रोटीन ग्राम	ऊर्जा कैलोरी	कैल्शियम मिलीग्राम	लोहा मिलीग्राम	कैरोटिन μ ग्राम	थायमिन (बी 1) मिलीग्राम	राइबोफ्लेविन (बी 2) मिलीग्राम	नायासिन (बी 3) मिलीग्राम
32.3	3334	150	14	1240	1.1	0.4	14.2

दुप्पड़

दो तह वाली चपाती

10 दुप्पड़/20 तह

तैयारी का समय: 10 मिनट

पकाने का समय: 15 मिनट

सामग्री:

गेहूँ का आटा: 250 ग्राम

घी: 15 ग्राम

नमक: स्वादानुसार

पानी: आटा गूँधने के लिए

विधि:

- आटे में नमक मिलाएं, मुलायम गूँधें और आधे घंटे के लिए रख दें।
- गुँधे आटे को 20 भाग में बांट कर गोले बनाएं।
- सभी गोलों को 2 इंच व्यास में बेल लें।
- एक रोल के उपर घी लगाएं और दूसरा उसके ऊपर रख कर पूरी रोटी का आकार दें।
- इसे गरम तवे पर दोनों तरफ़ से सेंकें।
- दोनों तह अलग कर लें। दोनों तहों में घी लगा होने के कारण यह आसानी से अलग हो जाती है। दोनों तहों पर घी लगाएं, ये परतें बहुत पतली और नरम होती हैं।

सम्मिश्रण:

गरम दुप्पड़ दाल, सब्जी व आम रस (आम जूस) के साथ खाया जाता है।

विविधता:

इस गुंधे आटे का इस्तेमाल चपाती/रोटी, पूरी, सादा या भरवाँ परांठा बनाने के लिए भी किया जा सकता है।

प्रति 100 ग्राम पोषक मूल्य:

प्रोटीन ग्राम	ऊर्जा कैलोरी	कैल्शियम मिलीग्राम	लोहा मिलीग्राम	कैरोटिन μ ग्राम	थायमिन (बी 1) मिलीग्राम	राइबोफ्लेविन (बी 2) मिलीग्राम	नायासिन (बी 3) मिलीग्राम
30.3	987	120	12.3	167	1.2	0.4	10.8

मिस्सी रोटी

बेजड़ रोटी

4 रोटियां बनाने के लिए
तैयारी का समय: 10 मिनट
पकाने का समय: 15 मिनट

मिस्सी रोटी अनाज और दालों के मिश्रण से बनने के कारण अधिक पौष्टिक होती है। गेहूँ, जौ और साबुत चने को 1.5:1:1 के अनुपात से मिलाया जाता है। इनका बारीक आटा पीस कर विशेष रूप से जौ और चने का चोकर निकालने के लिए छाना जाता है। इन अनाजों के मिश्रण का अनुपात अलग–अलग भी हो सकता है। अनाज को सूखे स्थान में हफ़्तों और महीनों के लिए रखा जा सकता है।

सामग्री:
मिस्सा आटा: 175 ग्राम
घी: 20 ग्राम
नमक: स्वादानुसार
पानी: आटा गूँधने के लिए

विधि:

- मिस्से आटे को परात (चपटी सतह और उठे किनारे वाला मेटल का गोल बड़ा बर्तन) में निकालें और नमक मिलाएं, पानी मिला कर पेड़ा बनाएं और ½ घंटे के लिए रख दें।
- अच्छी तरह से गूँधें। रोटी बेल कर गरम तवे पर दोनों तरफ से सेंक लें।
- एक तरफ घी लगा कर गरम परोसें।

विविधता:
इस आटे में गूँधते समय बारीक कटी पत्तेदार सब्जियों को भी मिलाया जा सकता है।

प्रति १०० ग्राम पोषक मूल्य:

प्रोटीन ग्राम	ऊर्जा कैलोरी	कैल्शियम मिलीग्राम	लोहा मिलीग्राम	कैरोटिन μ ग्राम	थायमिन (बी 1) मिलीग्राम	राइबोफ्लेविन (बी 2) मिलीग्राम	नायासिन (बी 3) मिलीग्राम
23.2	800	144	6.2	182.5	0.7	0.3	6.9

गुलगुले

मीठे तले गोल

30 से 35 पीस

तैयारी का समयः 10 मिनट

पकाने का समयः 10 मिनट

सामग्री:

गेहूँ का आटाः 250 ग्राम

चीनी/गुड़ः 200 ग्राम

सौंफः 10 ग्राम

खसखसः 10 ग्राम

पानीः घोल बनाने के लिए

तेलः तलने के लिए

विधि:

- एक बर्तन में गेहूँ का आटा लें। सौंफ और खसखस डाल कर अच्छी तरह मिला लें।
- चीनी/गुड़ को पानी में घोल लें। चीनी/गुड़ वाले पानी को आटे में मिला कर मध्यम गाढ़ा घोल बनाएं। ध्यान रहे कि घोल में गांठ न बने। आवश्यकता के अनुसार पानी मिलाएं। ½ घंटे के लिए रख दें।
- छोटे–छोटे गुलगुले बना कर धीमी आँच पर गरम घी में सुनहरा होने तक तलें।
- गुलगुले चटनी या दही के साथ या बिना किसी चटनी के भी परोसे जाते हैं।

विविधता:

- आटे में तिल मिला कर इसे करारा बनाया जा सकता है।
- गुलगुले जौ के आटे से भी बनाए जा सकते हैं।
- इस घोल को थोड़ा पतला कर चीला/मालपुआ भी बनाया जा सकता है।

प्रति 100 ग्राम पोषक मूल्य:

प्रोटीन ग्राम	ऊर्जा कैलोरी	कैल्शियम मिलीग्राम	लोहा मिलीग्राम	कैरोटिन μ ग्राम	थायमिन (बी 1) मिलीग्राम	राइबोफ्लेविन (बी 2) मिलीग्राम	नायासिन (बी 3) मिलीग्राम
32.5	2293	280	17.05	635	1.2	0.4	10.8

लापसी

लापसी को त्योहार या पवित्र अवसर पर बनाया जाता है और देवता को प्रसाद के रूप में समर्पित किया जाता है।

मिष्ठान्न

4 कटोरी बनाने के लिए

तैयारी का समयः 5 मिनट

पकाने का समयः 20 मिनट

सामग्रीः

गेहूँ दलियाः 100 ग्राम

चीनी / गुड़ः 80 ग्राम

घीः 20 ग्राम

बादामः 10 ग्राम

किशमिशः 5 ग्राम

इलायचीः 2–3 पिसी हुई

पानीः 250 मिलीलीटर

विधिः

- कड़ाही में तेल गरम करें। दलिये को सुनहरा होने तक भूने।
- पानी मिला कर अच्छी तरह हिलाएं, दलिये को तेज आँच पर पकाएं और दो–तीन उबाल आने दें, फिर आँच धीमी कर कड़ाही को ढक कर अच्छी तरह पकाएं, कुछ–कुछ देर में हिलाते रहें ताकि दलिया कड़ाही के सतह पर न चिपके।
- चीनी या गुड़ डाले और अच्छी तरह मिलाएं और धीमी आँच पर पाँच मिनट तक पकाएं।
- अब कटे बादाम, इलायची और किशमिश मिलाएं। गरमागरम परोसें।

सम्मिश्रणः

लापसी को कढ़ी और दाल के साथ भी खाया जाता है।

प्रति १०० ग्राम पोषक मूल्यः

प्रोटीन ग्राम	ऊर्जा कैलोरी	कैल्शियम मिलीग्राम	लोहा मिलीग्राम	कैरोटिन μ ग्राम	थायमिन (बी 1) मिलीग्राम	राइबोफ्लेविन (बी 2) मिलीग्राम	नायासिन (बी 3) मिलीग्राम
14.1	937	90	6.2	184	0.5	0.2	6.0

दाल ढोकली

दाल में मसालेदार आटे के गोले

4 कटोरी बनाने के लिए

तैयारी का समयः 25 मिनट

पकाने का समयः 30 मिनट

सामग्रीः

ढोकली के लिए

गेहूँ का आटाः 100 ग्राम

बेसनः 25 ग्राम

घीः 25 ग्राम

नमकः स्वादानुसार

लाल मिर्च पाउडरः 5 ग्राम

अजवायनः चुटकी भर

जीरा पाउडरः 3 ग्राम

खाने का सोडाः चुटकी भर

पानीः पेड़ा बनाने के लिए

हरी छिलका दालः 40 ग्राम

चना दालः 10 ग्राम

बेसनः 25 ग्राम

प्याजः 50 ग्राम

लहसुनः 3–4 कली

अदरकः $1/2''$ टुकड़ा

धनिया पत्ता

घीः 10 ग्राम

हल्दी पाउडरः 5 ग्राम

लाल मिर्च पाउडरः 5 ग्राम

नमकः स्वादानुसार

पानीः 200 मिलीलीटर

विधि:

- दालों को धो लें। प्याज, अदरक और लहसुन को पीस कर पेस्ट बना लें।
- प्रेशर कुकर में घी गरम करें और प्याज, अदरक, लहसुन के पेस्ट को मिला कर भून लें।
- इसमें पानी, दालें, सूखे मसाले और नमक मिला दें। कुकर की एक सीटी बजने तक पकाएं।
- ढोकली बनाने के लिए गेहूँ का आटा और बेसन मिला लें। आटे में घी और मसाले मिला कर खूब मसलें। आटे को अच्छी तरह मुलायम गूँध लें।
- छोटे–छोटे गोले बना कर प्रत्येक गोले को दोनों हथेलियों के बीच में दबायें। ढोकलियों को आधी पकी दाल में मिला दें। दाल के उबलने तक तेज आँच पर पकाएं, फिर आँच धीमी कर 15 मिनट तक पकने दें।
- दाल में जब ढोकलियां ऊपर आने लगें तो समझ लीजिए कि ढोकली पूरी तरह से तैयार है।
- हींग और जीरा को घी में अच्छी तरह गरम करके छौंक लगाएं। बारीक कटे धनिया पत्ते से सजाएं।
- ताजा छौंक लगा कर गरम स्वाद के लिए तुरंत परोसें।

प्रति 100 ग्राम पोषक मूल्य:

प्रोटीन ग्राम	ऊर्जा कैलोरी	कैल्शियम मिलीग्राम	लोहा मिलीग्राम	कैरोटिन μ ग्राम	थायमिन (बी 1) मिलीग्राम	राइबोफ्लेविन (बी 2) मिलीग्राम	नायासिन (बी 3) मिलीग्राम
30.7	970	118.6	8.9	252	0.8	0.3	5.6

गेहूँ घुघरी

साबुत गेहूँ का स्वादिष्ट पकवान

4 कटोरी बनाने के लिए

तैयारी के समयः 5 मिनट

पकाने का समयः 30 मिनट

सामग्रीः

साबुत गेहूँ (डी ब्रान्ड): 100 ग्राम
तेलः 10 ग्राम
प्याजः 30 ग्राम
टमाटरः 30 ग्राम
हरी मिर्चः 2
धनिया पत्ता
नमक और लाल मिर्च पाउडरः स्वादानुसार

विधिः

- गेहूँ को रात भर भिगोएं। प्रेशर कुकर में तेज आँच पर एक सीटी बजने तक अनाज को पकाएं। आँच धीमी करें और 20 मिनट तक पकाएं। ठंडा होने पर कुकर खोलें।
- प्याज, अदरक, टमाटर, धनिया की पत्तियों और हरी मिर्च को बारीक बारीक काट लें।
- पैन में तेल गरम करें और एक मिनट के लिए बारीक कटी सामग्री को हल्का तलें। पैन में नमक और घुघरी डालें, अच्छी तरह मिलाएं। धनिया की पत्तियों के साथ सजाएं।
- एक स्नैक के रूप में गरम परोसें।

विविधताः

- घुघरी बनाने के लिए बिना कुटा पूरे गेहूँ का उपयोग भी किया जाता है।
- कुटे हुये मक्का और बाजरा का उपयोग अक्सर घुघरी बनाने के लिए किया जाता है।
- कुटे हुये (डी ब्रान्ड) अनाज बाजार में उपलब्ध हैं।
- नोट – घर पर अनाज बेछिलका करने की प्रक्रिया का वर्णन बाजरा खीच की विधि में किया गया है।

प्रति १०० ग्राम पोषक मूल्यः

प्रोटीन ग्राम	ऊर्जा कैलोरी	कैल्शियम मिलीग्राम	लोहा मिलीग्राम	कैरोटिन μ ग्राम	थायमिन (बी 1) मिलीग्राम	राइबोफ्लेविन (बी 2) मिलीग्राम	नायासिन (बी 3) मिलीग्राम
12.6	458	76.7	5.8	239	0.5	0.2	5.9

आटे की रोटी

चपाती

5 चपाती

तैयारी का समय: 10 मिनट

पकाने का समय: 10 मिनट

सामग्री:

गेहूँ का आटा: 100 ग्राम

घी: 10 ग्राम

नमक: स्वादानुसार

पानी: पेड़ा बनाने के लिए

विधि:

- परात में आटा लेकर उसमें नमक मिलाएं, धीरे–धीरे पानी डालते हुये अच्छी तरह से मुलायल गूँधें और ½ घंटे के लिए रख दें।
- गुँधे आटे को पाँच हिस्सों में बांट कर गोले बनाएं, सूखा आटा लगा कर प्रत्येक गोले को चकले पर बेलें। एक दो बार सूखा आटा लगाते रहें ताकि गोला बेलन पर चिपके नहीं।
- 5"–6" के व्यास में गोलाकार बेल दें।
- इसे गरम तवे पर डालें। दोनों तरफ से पलटें और सेंकें। साफ कपड़े से दबा कर तवे पर या सीधा आँच पर फुलाएं। रोटी को पलटने और फुलाने के लिए चिमटे का इस्तेमाल करें।
- एक तरफ़ घी लगा कर पूरी रोटी पर फैला दें।
- दाल, सब्जी या कढ़ी के साथ गरम–गरम परोसें।

प्रति १०० ग्राम पोषक मूल्य:

प्रोटीन ग्राम	ऊर्जा कैलोरी	कैल्शियम मिलीग्राम	लोहा मिलीग्राम	कैरोटिन μ ग्राम	थायमिन (बी 1) मिलीग्राम	राइबोफ्लेविन (बी 2) मिलीग्राम	नायासिन (बी 3) मिलीग्राम
12.1	431	48	4.9	89	0.5	0.2	4.3

पूरी

आटे की तली हुई गोल पूरी

पूरी प्रायः विशेष अवसर या त्योहारों पर बनाई जाती है। पूरी–सब्जी झटपट बनने वाला सुबह का नाश्ता या दोपहर का भोजन भी होता है।

10 पूरी बनाने के लिए
तैयारी का समयः 10 मिनट
पकाने का समयः 10 मिनट

सामग्रीः
गेहूँ का आटाः 100 ग्राम
तेलः तलने के लिए
नमकः स्वादानुसार
पानीः पेड़ा बनाने के लिए

विधिः
- परात में आटा लेकर उसमें नमक मिलाएं, धीरे–धीरे पानी डालते हुये अच्छी तरह से गूँध लें। यह रोटी के आटे से थोड़ा सख़्त होना चाहिए।
- पेड़े को दस हिस्सों में बांट कर लोइयां बनाएं। प्रत्येक को 3"–3.5" व्यास में बेल लें।
- कड़ाही में तेल गरम करें। पूरियों को तेल में डालिए और इन्हें कलछी से तेल में थोड़ा दबा कर फुलाएं और दोनों ओर से उलट पलट कर सुनहरा होने तक तलें।
- सब्जी के साथ गरम परोसें।

सम्मिश्रणः
गरम पूरी को खाने का आनंद रायता, सब्जी की तरी, चटनी, अचार और खीर के साथ लिया जा सकता है।

विविधताः
- आटा को गूँधते समय अजवायन और एक चम्मच तेल मिलाने से स्वाद बढ़ जाता है।
- पूरी अनाज के रूप में मुख्य भोजन का हिस्सा भी हो सकती है। इसे नाश्ता में भी परोसा जा सकता है।

प्रति 100 ग्राम पोषक मूल्यः

प्रोटीन ग्राम	ऊर्जा कैलोरी	कैल्शियम मिलीग्राम	लोहा मिलीग्राम	कैरोटिन μ ग्राम	थायमिन (बी 1) मिलीग्राम	राइबोफ्लेविन (बी 2) मिलीग्राम	नायासिन (बी 3) मिलीग्राम
12.1	611	48	4.9	29	0.49	0.17	4.3

सादा परांठा

4 परांठे के लिए
तैयारी का समय: 10 मिनट
पकाने का समय: 10 मिनट

सामग्री:
गेहूँ का आटा: 100 ग्राम
घी: 30 ग्राम
नमक: स्वादानुसार
पानी: पेड़ा बनाने के लिए

विधि:

- आटा में नमक मिलाएं, धीरे–धीरे पानी डालते हुये अच्छी तरह से गूँध लें। $\frac{1}{2}$ घंटे के लिए रख दें।
- पेड़े को 4 बराबर हिस्सों में बांट कर लोइयां बनाएं। प्रत्येक को 2"–3" व्यास में बेल लें।
- अब सब में घी लगाएं और गोल आकार में बेल लें। इनको मोड़ कर अर्ध चन्द्र का आकार दें। फिर घी लगाएं और दोबारा मोड़ कर त्रिकोण आकार बना लें। दोनों तरफ सूखा आटा लगा कर रोटी की तरह 5"–6" व्यास के त्रिकोण बना लें।
- गरम तवे पर परांठा सेंके दोनों ओर घी या तेल लगाये तथा पलटते हुये सुनहरा होने तक सेंक ले।
- सब्जी या मटन/चिकन कीमा करी के साथ गरम परोसें।

प्रति 100 ग्राम पोषक मूल्य:

प्रोटीन ग्राम	ऊर्जा कैलोरी	कैल्शियम मिलीग्राम	लोहा मिलीग्राम	कैरोटिन μ ग्राम	थायमिन (बी 1) मिलीग्राम	राइबोफ्लेविन (बी 2) मिलीग्राम	नायासिन (बी 3) मिलीग्राम
12.1	701	48	4.9	29	0.49	0.17	4.3

भरवाँ/आलू परांठा

भरवाँ परांठा

4 परांठे के लिए

तैयारी का समयः 15 मिनट

पकाने का समयः 10 मिनट

सामग्रीः

गेहूँ का आटाः 100 ग्राम

आलूः 100 ग्राम

घीः 40 ग्राम (तेल भी इस्तेमाल किया जा सकता है)

पानीः पेड़ा बनाने के लिए

सूखे मसालेः नमक, लाल मिर्च पाउडर, पिसी हुई सौंफ, जीरा पाउडर, अमचूर पाउडर, गरम मसाला पाउडरः स्वादानुसार

हरा मसालाः 1–2 बारीक कटी हरी मिर्च, ½" कसा हुआ अदरक, धनिया पत्ता

विधिः

- रोटी के समान आटे में धीरे–धीरे पानी डालते हुये अच्छी तरह से मुलायम गूँध लें। आधे घंटे के लिए रख दें।
- आलू उबाल लें इसे छील कर मसल लें इसमें सूखा व हरा मसाला अच्छी तरह मिलालें, भरावन तैयार है।
- पेड़े को 4 बराबर हिस्सों में बांटे और लोइयां बनाएं।
- प्रत्येक को 3" व्यास में बेल लें। एक बड़ा चम्मच मसाला बीच में रखें और उंगलियों से दबा कर अच्छी तरह मुंह बन्द कर के लोइयां बनाएं। अपनी हथेलियों की सहायता से थोड़ा चपटा कर लें। सूखा आटा लगाएं और 5"–6" के व्यास में बेल लें।
- गरम तवे पर दोनों ओर तेल या घी लगाते हुए तलें। सुनहरा होने पर तवे से उतार लें।
- चटनी, अचार या दही के साथ गरम परोसें।

विविधताः

उबले मसले हुए आलू उबले मटर/कसी हुई मूली/कसी हुई गाजर/कसी हुई फूलगोभी/कसा हुआ पनीर भी भरवाँ मसाले के रूप में इस्तेमाल किया जा सकता है। सूखे और हरे मसालों के साथ उबली हुई मूंग एवं उड़द दाल भी परांठे में भरी जा सकती है।

प्रति १०० ग्राम पोषक मूल्यः

प्रोटीन ग्राम	ऊर्जा कैलोरी	कैल्शियम मिलीग्राम	लोहा मिलीग्राम	कैरोटिन μ ग्राम	थायमिन (बी 1) मिलीग्राम	राइबोफ्लेविन (बी 2) मिलीग्राम	नायासिन (बी 3) मिलीग्राम	विटामिन सी मिलीग्राम
13.7	798	67.2	5.58	408	0.59	0.18	5.5	28.7

सब्जी परांठा

सब्जी परांठा

4 परांठे के लिए
तैयारी का समयः 15 मिनट
पकाने का समयः 10 मिनट

सामग्रीः

गेहूँ का आटाः 100 ग्राम
बेसनः 20 ग्राम
नमकः एक चुटकी
दरदरी पिसी सौंफः 2 ग्राम
तेलः 10 ग्राम (मोयन के लिए)
तेल तलने के लिएः 40 ग्राम
कटे हुए हरे पत्तेः 30 ग्राम
(मेथी / पालक / बथुआ)
पानीः आटा गूँधने के लिए
सूखे मसालेः नमक, लाल मिर्च पाउडर, पिसी हुई सौंफ, जीरा पाउडर, अमचूर पाउडर, गरम मसाला पाउडरः स्वादानुसार
हरा मसालाः 1–2 बारीक कटी हरी मिर्च,)" कसा हुआ अदरक, धनिया पत्ता

विधिः

- आटे में बेसन और सूखा मसाला मिक्स कर लें, मोयन के लिए तेल डालें और अच्छी तरह मिला लें। बारीक कटी हरी पत्तेदार सब्जियाँ और हरा मसाला मिलाएं। धीर–धीरे पानी डालते हुये अच्छी तरह से सख़्त गूँध लें। 10–15 मिनट के लिए रख दें।
- गुंधे आटे को 4 बराबर हिस्सों में बांटे और लोइयां बनाएं। प्रत्येक को 5"–6" व्यास में बेल लें।
- गरम तवे पर धीमी आँच पर दोनों ओर तेल लगाते हुए हल्का तलें। सुनहरा होने पर तवे से उतार लें।
- चटनी, अचार, दही या परांठे के ऊपर पिघलते मक्खन के साथ गरम परोसें।

विविधताः

इस आटे से पूरी बनाई जा सकती है और स्वादिष्ट स्नैक के रूप में परोसी जा सकती है।

प्रति 100 ग्राम पोषक मूल्यः

प्रोटीन ग्राम	ऊर्जा कैलोरी	कैल्शियम मिलीग्राम	लोहा मिलीग्राम	कैरोटिन μ ग्राम	थायमिन (बी 1) मिलीग्राम	राइबोफ्लेविन (बी 2) मिलीग्राम	नायासिन (बी 3) मिलीग्राम	विटामिन सी मिलीग्राम
17.3	881	187.2	6.7	1112	0.59	0.27	5.1	21.8

मीठा परांठा

4 परांठा के लिए
तैयारी का समयः 10 मिनट
पकाने का समयः 10 मिनट

प्रायः बच्चे मीठा परांठा पसंद करते हैं।

सामग्रीः
गेहूँ का आटाः 100 ग्राम
चीनी/गुड़ः 40 ग्राम
घीः 40 ग्राम (तेल का प्रयोग भी किया जा सकता है)
पानीः आटा गूँधने के लिए

विधिः

- आटे में धीरे–धीरे पानी डालते हुये अच्छी तरह से मसल कर गूँध लें। आधे घंटे के लिए रख दें।
- आटे को 4 बराबर हिस्सों में बांट कर लोइयां बनाएं। प्रत्येक को 3" के व्यास में बेल लें।
- सभी में 10 ग्राम चीनी या गुड़ को बीच में रखें और उंगलियों की सहायता से दबा कर अच्छी तरह मुंह बन्द करके लोइयां बनाएं।
- चीनी भरी लोइयों को धीरे–धीरे 5"x6" के व्यास में बेलें ताकि चीनी या गुड़ बाहर ना निकले।
- गरम तवे पर दोनों ओर घी लगाते हुए हल्का तलें। गरम होने पर चीनी पिघलती है, इसलिए धीमी आँच पर सुनहरा होने तक तलें।
- सादा या दही के साथ गरम परोसें।

प्रति 100 ग्राम पोषक मूल्यः

प्रोटीन ग्राम	ऊर्जा कैलोरी	कैल्शियम मिलीग्राम	लोहा मिलीग्राम	कैरोटिन μ ग्राम	थायमिन (बी 1) मिलीग्राम	राइबोफ्लेविन (बी 2) मिलीग्राम	नायासिन (बी 3) मिलीग्राम
12.1	860	48	4.9	29	0.49	0.17	4.3

हलवा

घी में भुना, भाप से पका पुडिंग

4 कटोरी के लिए
तैयारी का समय: 10 मिनट
पकाने का समय: 20 मिनट

सामग्री:
गेहूँ का आटा: 100 ग्राम
घी: 100 ग्राम
चीनी: 100 ग्राम
पानी: 250 ग्राम
बादाम (कटे हुए): 10 ग्राम

विधि:

- पैन में घी गरम करें, घी में आटा मिलाएं और धीमी आँच पर सुनहरा होने तक भूनें।
- धीरे–धीरे पानी मिलाते हुए गाढ़ा करें और अच्छी तरह हिलाएं जिससे गांठ न बने।
- चीनी मिलाकर अच्छी तरह चलाते हुए 2–3 मिनट तक चीनी के घुलने तक पकाएं।
- आँच से उतार कर कटे हुए सूखे मेवे डालें।
- गरम परोसें।

विविधता:

- आटे में करीब 20 ग्राम बेसन भी मिलाया जा सकता है। नारियल का पाउडर तथा अन्य सूखे मेवों से भी गार्निश कर सकते हैं।
- सूजी का हलवा भी इस विधि से बनाया जा सकता है। सूजी को घी में हल्का सुनहरा भून लेने के बाद 50:50 के अनुपात में दूध और पानी मिलाना चाहिए।

प्रति 100 ग्राम पोषक मूल्य:

प्रोटीन ग्राम	ऊर्जा कैलोरी	कैल्शियम मिलीग्राम	लोहा मिलीग्राम	कैरोटिन μ ग्राम	थायमिन (बी 1) मिलीग्राम	राइबोफ्लेविन (बी 2) मिलीग्राम	नायासिन (बी 3) मिलीग्राम
14.9	1704	71	5.4	629	0.49	0.17	4.7

दूध दलिया

4 कटोरी के लिए
तैयारी का समयः 5 मिनट
पकाने का समयः 15 मिनट

सामग्रीः
गेहूँ दलियाः 100 ग्राम
चीनीः 50 ग्राम
घीः 5 ग्राम
दूधः 300 ग्राम
पानीः 200 ग्राम

विधिः

- प्रेशर कुकर में घी गरम करें, दलिए को 2–3 मिनट तक भूने, पानी मिलाकर पकाएं।
- प्रेशर कुकर में एक सीटी आने के बाद गैस धीमी कर दें और 5 से 6 मिनट तक कम आँच पर पकायें।
- ठंडा होने पर कुकर को खोल दें, चीनी और दूध मिलाकर 4 से 5 मिनट तक पकाएं। कुछ–कुछ देर में हिलाते रहें ताकि दलिया कड़ाही के सतह पर न चिपके और गांठें न पड़े। दूध की मात्रा दलिये के गाढ़ेपन के अनुसार कम या ज्यादा हो सकती है।
- पूरी तरह तैयार होने तक हिलाते रहें।
- नाश्ते में गरम गरम परोसें।

मूल्य संवर्धन और विविधताः
दूध दलिया बनाने के लिए जौ/बाजरे का भी प्रयोग किया जा सकता है। दलिए को बारीक कटे सूखे मेवे, किशमिश, कटे हुए खजूर, इलायची पाउडर से भी गार्निश किया जा सकता है।

प्रति 100 ग्राम पोषक मूल्यः

प्रोटीन ग्राम	ऊर्जा कैलोरी	कैल्शियम मिलीग्राम	लोहा मिलीग्राम	कैरोटिन μ ग्राम	थायमिन (बी 1) मिलीग्राम	राइबोफ्लेविन (बी 2) मिलीग्राम	नायासिन (बी 3) मिलीग्राम
11.8	590	41	5.3	79	0.45	0.17	5.5

मक्का का उपयोग राजस्थान के दक्षिणी भाग मेवाड़ में कच्चा और परिपक्व शुष्क दोनों रूप में किया जाता है। शुष्क मक्का अनाज का उपयोग साबुत, दलिया और आटा तीन अलग–अलग रूपों में किया जाता है। कच्चे और सूखे मक्का से विभिन्न प्रकार के व्यंजन तैयार किये जाते हैं। मक्का, जिसे कुछ देशों में कोर्न के रूप में भी जाना जाता है, पश्चिमी देशों में भी लोकप्रिय है, विशेषकर अमरीका में, जो कि दुनिया में मक्का का सबसे बड़ा उत्पादक है। यह चीन, ब्राजील और दक्षिण अमेरिका में भी उगाया जाता है।

मक्का का उत्पादन केवल उन क्षेत्रों में ही किया जा सकता है जिन स्थानों का तापमान अधिक ठंडा नहीं होता है, क्योंकि यह फसल अधिक ठंड में पैदा नहीं होती है। मक्का के व्यंजनों की कुछ रेसिपी देखें।

मक्का रोटी

4 से 5 चपाती

तैयारी का समयः 10 मिनट

पकाने का समयः 15 मिनट

सामग्रीः

मक्का का आटाः 200 ग्राम

घीः 20 ग्राम

नमकः स्वादानुसार

गुनगुना पानी गूँधने के लिए

विधिः

- आटे में नमक मिलाएं, धीरे–धीरे गरम पानी डालते हुये अच्छी तरह से मुलायम गूँध लें।
- लोइयाँ बना लें। चकले पर हथेली से थपकते हुए रोटी बनाएं, आवश्यकता पड़ने पर थोड़ा सा गरम पानी लगाते रहें।
- गरम तवे पर दोनों तरफ से धीमी आँच पर सेंकें और इसके बाद सीधा आँच पर फुलाएं। आँच से उतार कर रोटी पर घी लगाएं।

सम्मिश्रणः

मक्का रोटी खाने का आनंद मिक्स दाल, सब्जी की तरी, कढ़ी, दही, छाछ या गुड़ के साथ लिया जा सकता है।

मूल्य संवर्धन और विविधताः

- आटे में हरी पत्तेदार सब्जियां मिला सकते हैं।
- जौ और बाजरा के आटे की भी रोटी बनाई जाती है।
- बचे हुये आटे का परांठा भी बनाया जा सकता है।
- मिट्टी के तवे पर सिंकी रोटी का स्वाद अलग ही होता है।

प्रति 100 ग्राम पोषक मूल्यः

प्रोटीन ग्राम	ऊर्जा कैलोरी	कैल्शियम मिलीग्राम	लोहा मिलीग्राम	कैरोटिन μ ग्राम	थायमिन (बी 1) मिलीग्राम	राइबोफ्लेविन (बी 2) मिलीग्राम	नायासिन (बी 3) मिलीग्राम
22.2	864	20	4.6	300	0.8	0.2	3.6

मक्की का ढोकला

भाप में पके मक्कई कोन

6 पीस बनाने के लिए
तैयारी का समयः 20 मिनट
पकाने का समयः 35 मिनट

मक्की का ढोकला मेवाड़ का बहुत लोकप्रिय पकवान है। आमतौर पर यह सर्दियों के दौरान तैयार किया जाता है। गरम ढोकला घी, तेल और मिश्रित दाल के साथ परोसा जाता है। ढोकले का आनंद दही और चीनी के साथ खाने से भी मिलता है। कटी हुई सब्जियाँ और मटर आटे में मिलाकर इसे आधुनिक रूप से पौष्टिक बनाया जा सकता है। इससे ढोकले का पोषक मूल्य बढ़ जाता है।

सामग्रीः
मक्का का आटा (दरदरा)ः 250 ग्राम
पापड़ खारः 5 ग्राम
साबुत हरी मिर्चः 2–3
लहसुनः 2 कली
धनिया पत्ता
अदरकः " टुकड़ा
लाल मिर्च पाउडरः 5 ग्राम
अजवायनः 5 ग्राम
जीराः 5 ग्राम
धनिया बीजः 5 ग्राम दरदरा
नमकः स्वादानुसार
पानीः आटा गूँधने के लिए

विधि:

- हरी मिर्च, लहसुन, अदरक और धनिया के पत्ते बारीक काट लें।
- आटे में नमक, पापड़ खार, सूखी सामग्री और कटा हरा मसाला मिलाएं। नमक और पापड़ खार के पर्याप्त स्वाद के लिए, मिश्रण के छोटे हिस्से में पानी की एक बूंद मिलाएं। यदि आवश्यक हो, तो थोड़ा सा और नमक और पापड़ खार मिला कर सख्त आटा तैयार करें और इसे अच्छी तरह से गूँध लें और चख लें।
- आटे को छह बराबर भागों में विभाजित करें। ढोकलों को कोन का आकार दें और टिप पर एक छोटा छेद बनाएं।
- प्रेशर कुकर में एक तिहाई पानी भरें और नीचे लोहे या स्टील की रिंग रखे। रिंग के उपर एक जाली (छिद्रित स्टील प्लेट) रखें। पानी उबालें।
- जाली (छिद्रित स्टील प्लेट) पर ढोकलों को दो पंक्ति में व्यवस्थित करें। ढक्कन को बंद करें, पर सीटी ना लगाऐं।
- 20 मिनट तक ढोकले को तेज आँच पर भाप में पकाएं। आँच कम करें और 10 मिनट के लिए और पकाएं। फिर प्रेशर कुकर का ढक्कन खोल दें।
- ढोकले में एक चाकू डालें यदि चाकू साफ निकल आये, तो समझ लीजिए कि ढोकला तैयार है।
- मिश्रित दाल के साथ गरम परोसें।

नोट:

पापड़ खार खानों से प्राप्त क्षारीय नमक है। यह पापड़ और मक्का ढोकला बनाने में एक अनिवार्य और महत्वपूर्ण घटक है। यह पापड़ को कुरकुरा बना देता है और तलते समय इसे फैलाने में मदद करता है। यह रंग में सफेद है।

प्रति 100 ग्राम पोषक मूल्य:

प्रोटीन ग्राम	ऊर्जा कैलोरी	कैल्शियम मिलीग्राम	लोहा मिलीग्राम	कैरोटिन μ ग्राम	थायमिन (बी 1) मिलीग्राम	राइबोफ्लेविन (बी 2) मिलीग्राम	नायासिन (बी 3) मिलीग्राम
29.6	890	112	6.9	256	1.0	0.3	5.1

राब

स्वादिष्ट पॉरिज़

6 कटोरी बनाने के लिए
तैयारी का समयः 5 मिनट
पकाने का समयः 45 मिनट

सामग्रीः
मक्का का आटाः 50 ग्राम
छाछः 750 मिलीलीटर
जीराः 5 ग्राम पाउडर
नमकः स्वादानुसार

राब अनाज और छाछ का बना अर्ध ठोस व्यंजन है। दलिया और आटे को छाछ में पकाया जाता है। अनाज गेहूँ, मक्का, बाजरा और जौ हो सकता हैं। ग्रामीण इलाकों में राब मिट्टी के बर्तनों में पकाया जाता है। शहरी घरों में एक प्रेशर कुकर या पैन राब तैयार करने के लिए उपयोग किया जाता है। गेहू और जौ से बने राब को महेरी कहा जाता है और यह पूर्वी राजस्थान में लोकप्रिय है। जबकि मक्का का राब राज्य के दक्षिणी क्षेत्रों में लोकप्रिय है। महेरी को आम तौर पर गरम दूध और चीनी के साथ परोसा जाता है।

राब आमतौर पर सुबह या दोपहर के भोजन के समय में लिया जाता है। सर्दियों में गरम राब लोकप्रिय है, जबकि गर्मियों में ठंडी राब को पसंद किया जाता है। यह पार्टियों में अब एक बहुत लोकप्रिय स्टार्टर बन गया है।

विधि:

- राब बनाने की दो विधि हैं।
    - प्रेशर कुकर में छाछ को गरम करें, लगातार चलाते रहें जिससे तली में ना लगें। दलिए को छाछ में मिलाकर ढक्कन के बिना तेज आँच पर पकाएं। पहला उबाल आने तक लगातार हिलाते रहें। 20 मिनट के लिए मध्यम आँच पर पकाएं। समय–समय पर हिलाते रहें। जब अनाज नरम हो जाये तो ढक्कन बंद करके धीमी आँच पर 20 मिनट के लिए पकाएं। नमक और भुना जीरा पाउडर डालें। या
    - प्रेशर कुकर में मक्का दलिया पानी डाल कर धीमी आँच पानी पर 20 मिनट तक पकाएं। छाछ मिलाकर अच्छी तरह मिलाएं। प्रेशर कुकर को धीमी आँच पानी पर 20 मिनट तक और पकाएं। नमक और भुना जीरा पाउडर डालें। इस पद्धति में छाछ के फटने की सम्भावना कम हो जाती है।

मूल्य संवर्धन और विविधता:

- बारीक कटी पत्तेदार सब्जियां और कसी गाजर को राब में मिलाया जा सकता है।
- राब को गाढ़ा करने के लिए उड़द दाल पाउडर को मिलाया जा सकता है।
- राब मक्का के आटे से भी तैयार किया जा सकता है।

प्रति 100 ग्राम पोषक मूल्य:

प्रोटीन ग्राम	ऊर्जा कैलोरी	कैल्शियम मिलीग्राम	लोहा मिलीग्राम	कैरोटिन μ ग्राम	थायमिन (बी 1) मिलीग्राम	राइबोफ्लेविन (बी 2) मिलीग्राम	नायासिन (बी 3) मिलीग्राम
12.4	301	81.5	2.4	71	0.5	0.1	1.0

मक्का पापड़ी / खिचिया

भुना और तला हुआ कुरकुरा

25 पीस बनाने के लिए
तैयारी का समयः 10 मिनट
पकाने का समयः 40 मिनट

सामग्री:

मक्का आटाः 250 ग्राम
पापड़ खार (दरदरा): 5 ग्राम
जीराः 5 ग्राम
अजवायनः 5 ग्राम
तेलः 20 ग्राम
नमक और लाल मिर्च पाउडरः स्वादानुसार
पानीः 500 मिलीलीटर

विधि:

- मसाला और पापड़ खार को आटे में डालें व अच्छी तरह मिलायें।
- प्रेशर कुकर में तेल और पानी डालें और इसे उबाल लें। धीरे–धीरे उबलते हुए पानी में आटा मिलाएं और गांठों से बचने के लिए हिलाते रहें।
- तेज आँच पर एक सीटी आने तक पकाएं। फिर धीमी आँच पर 40 मिनट के लिए पकाएं।
- आग से उतार कर मिश्रण के छोटे हिस्सों को छोटे स्टील की कटोरी की मदद से अच्छी तरह गूँधें।
- छोटी लोइयाँ बनाकर चकला बेलन या चपाती मेकर का उपयोग करके पतली (जैसे चपाती) रोल करें। चपाती मेकर में प्लास्टिक शीट की दो परतों के बीच लोई को रखें और पापड़ी का मनचाहा आकार बनाने के लिए दबाएं।
- प्लास्टिक शीट पर पापड़ी फैलाएं और धूप में सुखाएं। दिन में दो–तीन बार पलटते रहें। धूप में अच्छी तरह सुखाने में लगभग 2 से 3 दिन लगेंगे। सूखी पापड़ियों को हवाबंद डिब्बे में रखें।
- पापड़ियों को तला या भूना भी जा सकता हैं और सर्दी में इनका आनंद लिया जा सकता है।

विविधता:

- सेव बनाने की मशीन का उपयोग करके आटे के सेव बनाकर धूप में सूखाये जा सकते हैं। सेव तली जाती है और एक स्नैक के रूप में परोसी जाती है।
- पापड़ी बनाने के लिए गेहूँ का आटा भी इस्तेमाल किया जा सकता है। गेहूँ और मक्का आटे का अनुपात 1.1 लिया जा सकता है।

प्रति १०० ग्राम पोषक मूल्य:

प्रोटीन ग्राम	ऊर्जा कैलोरी	कैल्शियम मिलीग्राम	लोहा मिलीग्राम	कैरोटिन μ ग्राम	थायमिन (बी 1) मिलीग्राम	राइबोफ्लेविन (बी 2) मिलीग्राम	नायासिन (बी 3) मिलीग्राम
29.5	1074	155	6.95	255	0.8	0.3	4.7

नरम मक्का या मीठा मकई (भुट्टा)

मेवाड़ में अलग–अलग व्यंजन बनाने करने के लिए इसका व्यापक रूप से उपयोग किया जाता है। बरसात के मौसम में गरम भुट्टा पकौड़ी एक विशेष व्यंजन है। जाजरिया एक बहुत स्वादिष्ट मीठा व्यंजन है और विशेष अवसरों पर तैयार किया जाता है। सब्जी, पुलाव और कटलेट बनाने के लिए भुट्टे के दानों का उपयोग किया जाता है। भुट्टा भून कर, उबाल कर और तल कर भीं खाया जाता है। कुछ पकवान बनाने की विधियाँ यहां दी गई हैं।

भुट्टा पकौड़ी

तली हुई बड़ी

8 प्लेट बनाने के लिए
तैयारी का समय: 20 मिनट
पकाने का समय: 15 मिनट

सामग्री:

नरम मक्का (भुट्टा): 1 किलो ग्राम (300 ग्राम दाने)
बेसन: 250 ग्राम
साबुत मिर्च: 3–4
अदरक: 1" टुकड़ा
हरा धनिया पत्ता
नींबू का रस: 1 चम्मच
सौंफ: 5 ग्राम
गरम मसाला: 5 ग्राम
लाल मिर्च पाउडर: 10 ग्राम
नमक: स्वादानुसार
तेल: तलने के लिए

विधि:

- एक चाकू की मदद से भुट्टे से दाने निकाल लें। यदि दाने बड़े हों, तो कुछ सेकेंड के लिए मिक्सर में पीस लें। बारीक हरी मिर्च, अदरक और धनिया के पत्ते काट लें।
- बेसन में सभी मसाले मिलाएं। घोल बनाने के लिए धीर–धीरे पानी मिलाएं। यह अधिक पतला या गाढ़ा नहीं होना चाहिए।
- घोल में भुट्टे के दाने और नींबू का रस डालकर अच्छी तरह मिलाएं।
- गरम तेल में छोटी–छोटी पकौड़ी बनाकर सुनहरा होने तक तलें।
- गरम–गरम कुरकुरी पकौड़ी हरी चटनी या टमाटर चटनी के साथ परोसें।

विविधता:

- भुट्टा पकौड़ी की तरह नरम हरे चने (जिसे मेवाड़ क्षेत्र में लीलवा कहा जाता है) को भी पकौड़ी बनाने के लिए इस्तेमाल किया जाता है।
- मिश्रित सब्जियों के साथ भुट्टे के दाने और लीलवा मिलाकर भी पकौड़ी बनाई जा सकती है।

प्रति 100 ग्राम पोषक मूल्य:

प्रोटीन ग्राम	ऊर्जा कैलोरी	कैल्शियम मिलीग्राम	लोहा मिलीग्राम	कैरोटिन μ ग्राम	थायमिन (बी 1) मिलीग्राम	राइबोफ्लेविन (बी 2) मिलीग्राम	नायासिन (बी 3) मिलीग्राम	विटामिन सी मिलीग्राम
66.1	2205	167	16.5	418	4.5	1.0	6.2	20.5

भुट्टा सब्जी

6 कटोरी बनाने के लिए
तैयारी का समयः 20 मिनट
पकाने का समयः 20 मिनट

सामग्रीः
भुट्टा/मीठा कोर्नः 1 किलोग्राम (300 ग्राम दाने)
तेलः 30 ग्राम
प्याजः 2
लहसुनः 5–6 कली
अदरकः ½" टुकड़ा
साबुत हरी मिर्चः 3 बारीक कटी हुई
दहीः 50 ग्राम
हल्दीः 5 ग्राम
साबुत गरम मसाला (काली मिर्च, लौंग, दालचीनी): 5 ग्राम
हरा धनिया पत्ता
लाल मिर्च पाउडरः 10 ग्राम
नमकः स्वादानुसार

भुट्टा सब्जी बरसात के मौसम में मेवाड़ के रसोई घरों में नियमित रूप से बनाई जाती है। बड़े और बच्चे सभी इसका आनंद लेते हैं।

विधि:

- चाकू की सहायता से भुट्टे के दाने निकाल लें। प्याज, अदरक और लहसुन को पीस लें। प्रेशर कुकर में तेल गरम करें, साबुत गरम मसाले डालें, चटकने तक भूनें। फिर प्याज का पिसा मसाला मिलाकर सुनहरा होने तक भूनें। सूखे मसाले और हल्का बीट किया दही डालें, अच्छी तरह चलाते हुये भूनें जब तक मसाला तेल न छोड़ दें। इसके बाद भुट्टे के दाने और बारीक कटी हरी मिर्च डालकर अच्छी तरह मिक्स करें। तरी बनाने के लिए एक गिलास पानी मिलाएं। ढक्कन बंद करके दस मिनट तक धीमी आँच पर दानों के गलने तक पकाएं। आँच से उतार लें और धनिया से गार्नीश करें।
- चपाती, पूरी और परांठे के साथ गरम–गरम परोसें।

विविधता/मूल्य संवर्धन:

- नरम हरे चने की सब्जी भी इस विधि से पकाई जाती है।
- भुट्टा सब्जी में पकाते समय बारीक कटा हुआ पालक भी मिलाया जा सकता है।
- भुट्टा सब्जी बिना तरी के भी बनाई जा सकती है।

प्रति 100 ग्राम पोषक मूल्य:

प्रोटीन ग्राम	ऊर्जा कैलोरी	कैल्शियम मिलीग्राम	लोहा मिलीग्राम	कैरोटिन μ ग्राम	थायमिन (बी 1) मिलीग्राम	राइबोफ्लेविन (बी 2) मिलीग्राम	नायासिन (बी 3) मिलीग्राम	विटामिन सी मिलीग्राम
18.9	764	207	5.1	167	0.7	0.6	0.8	29.6

भुट्टा पुलाव

4 कटोरी बनाने के लिए
तैयारी का समय: 5 मिनट
पकाने का समय: 15 मिनट

सामग्री:

चावल: 100 ग्राम
तेल: 15 ग्राम
भुट्टा/मीठा कोर्न: 100 ग्राम
अदरक: $1/2$" टुकड़ा
साबुत हरी मिर्च: 2 बारीक कटी हुई
साबुत गरम मसाला: 5 ग्राम
हरा धनिया पत्ता
लाल मिर्च पाउडर और हल्दी (वैकल्पिक)
नमक: स्वादानुसार
पानी: 200 मिलीलीटर

विधि:

- चावल अच्छी तरह धोकर आधा घंटे के लिए भिगो दें।
- पैन में तेल गरम करें, साबुत गरम मसाले डालें, चटकने तक भूनें।
- भुट्टा के दाने, कटा अदरक और बारीक कटी हरी मिर्च डालकर 3–4 मिनट तक भूने।
- चावल मिलाकर अच्छी तरह चलायें। पानी और नमक डालें, ढक्कन लगाकर पकाएं।
- चावल पक जाने पर नीचे उतार लें। हरा धनिया से सजाकर गरम–गरम परोसें।

सम्मिश्रण:

- दही, चटनी, अचार और सलाद के साथ गरम परोसें।

विविधता:

- नरम हरे चने (लीलवा) को भी मिलाया जा सकता है।

प्रति 100 ग्राम पोषक मूल्य:

प्रोटीन ग्राम	ऊर्जा कैलोरी	कैल्शियम मिलीग्राम	लोहा मिलीग्राम	कैरोटिन μ ग्राम	थायमिन (बी 1) मिलीग्राम	राइबोफ्लेविन (बी 2) मिलीग्राम	नायासिन (बी 3) मिलीग्राम	विटामिन सी मिलीग्राम
11.5	610	20.7	4.0	41	0.2	0.3	2.5	11

जाजरिया

पार्टी का पकवान

6 कटोरी बनाने के लिए
तैयारी का समयः 25 मिनट
पकाने का समयः 40 मिनट

जाजरिया एक मीठा स्वादिष्ट व्यंजन है जो नरम कच्चे दूधिया भुट्टे के दानों से बनाया जाता है। यह दक्षिण राजस्थान की विशेषता है। उत्सवों और पार्टियों में इसे मीठे पकवान के रूप में परोसा जाता है।

सामग्रीः

कच्चा भुट्टाः 1 किलोग्राम (300 ग्राम दाने)
घीः 200 ग्राम
दूधः 1 लीटर
चीनीः 100 ग्राम
सूखे मेवाः बारीक कटे हुए 20 ग्राम

विधिः

- चाकू की सहायता से भुट्टे के दाने निकाल लें। पीस कर बारीक पेस्ट बना लें।
- पेस्ट को छलनी में छान लें।
- पैन में घी गरम करें, भुट्टे के पेस्ट को सुनहरा होने तक भूनतें रहे जब तक घी छोड़ने न लगे।
- दूध मिलाकर खीर के समान गाढ़ा होने तक उबालें।
- चीनी मिलाकर दोबारा पाँच मिनट तक पकाएं।
- कटे हुए सूखे मेवों से सजाएं और गरम परोसें।
- भुने हुए भुट्टे के पेस्ट को फ्रिज में एक–दो दिन के लिए रखा जा सकता है।

विविधताः

- हरे नरम चने को भुट्टे के स्थान पर जाजरिया बनाने के लिए इस्तेमाल किया जाता है।
- पकाने का तरीका एक समान है।

प्रति १०० ग्राम पोषक मूल्यः

प्रोटीन ग्राम	ऊर्जा कैलोरी	कैल्शियम मिलीग्राम	लोहा मिलीग्राम	कैरोटिन μ ग्राम	थायमिन (बी 1) मिलीग्राम	राइबोफ्लेविन (बी 2) मिलीग्राम	नायासिन (बी 3) मिलीग्राम	विटामिन सी मिलीग्राम
48.6	3374	1285	6.5	1826	1.2	2.5	2.2	18

भुट्टा बरफ़ी

30 पीस बनाने के लिए
तैयारी का समय: 30 मिनट
पकाने का समय: 30 मिनट

सामग्री:

कच्चा भुट्टा: 1 किलोग्राम (300 ग्राम दाने)
चीनी: 200 ग्राम
खोया: 300 ग्राम
घी: 50 ग्राम
इलायची: 4–5
पानी: 50 मिलीलीटर चाशनी बनाने के लिए

विधि:

- चाकू की सहायता से भुट्टे के दाने निकाल लें।
- पीसकर बारीक पेस्ट बना लें। पेस्ट को छलनी में छान लें।
- धीमी आँच पर घी में भुट्टे के पेस्ट को सुनहरा होने तक भूनते रहें जब तक घी ना छोड़ने लगें।
- अब इस पेस्ट में खोया मिलाएं और सुनहरा होने तक भूनें।
- एक अलग पैन में $1\frac{1}{2}$ तार की चाशनी बना लें।
- मिश्रण और इलायची पाउडर को चाशनी में डालकर अच्छी तरह मिक्स करें।
- घी लगी प्लेट में मिश्रण को अच्छी तरह से फैलाएं। मिश्रण के थोड़ा जमने और ठंडा हो जाने पर बराबर आकार की टुकड़ियों में काट लें।
- रिश्तेदारों और मित्रों को ताजा बरफ़ी परोसें तथा खाने का आनंद लें।

विविधता:

इसी तरीके से हरे चने को भी बरफ़ी बनाने के लिए इस्तेमाल किया जा सकता है। इसे लीलवा कहते हैं।

प्रति पोशक मूल्य:

प्रोटीन ग्राम	ऊर्जा कैलोरी	कैल्शियम मिलीग्राम	लोहा मिलीग्राम	कैरोटिन μ ग्राम	थायमिन (बी 1) मिलीग्राम	राइबोफ्लेविन (बी 2) मिलीग्राम	नायासिन (बी 3) मिलीग्राम	विटामिन सी मिलीग्राम
74.1	2860	2895	3.3	843	1.0	1.7	3.0	36

बाजरा एक मोटा अनाज है, जो पश्चिम और मध्य राजस्थान में उगाया जाता है। इसे सर्दियों में खाया जाता है। तुलनात्मक रूप में यह खनिजों और विटामिनों में समृद्ध है, जैसा अनुबंध तालिका 1 में दिखाया गया है। इससे बनने वाले आम व्यंजन रोटी, खीच, खिचड़ा और राब हैं। बाजरा गुड़मुड़िया विशेष अवसर पर बनाया जाता है। बाजरा रोटी को खाने का मज़ा दाल, चटनी के साथ–साथ मक्खन और गुड़ से भी लिया जाता है।

बाजरा खीच

दलिया/खिचड़ी

खीच राज्य का एक प्रचलित व्यंजन है और इसे बहुत मजे से खाया जाता है। पश्चिमी और मध्य राजस्थान में बाजरा खीच लोकप्रिय है, जबकि दक्षिणी हिस्से में मक्का और गेहूँ के खीच पसंद किए जाते हैं। कुटे हुये (डीब्रान) साबुत अनाज–बाजरा से तैयार किया जाता है। मक्का और गेहूँ डीब्रानिंग अनाज के चोकर (बाहरी परत) को हटाने की एक प्रक्रिया है। डीब्रान्ड गेहूँ, बाजरा और मक्का अब बाजार में उपलब्ध हैं।

4 कटोरी बनाने के लिए
तैयारी का समयः 60 मिनट
पकाने का समयः 45 मिनट

डीब्रानिंग की विधि – अनाज पर पानी छिड़क कर 30–40 मिनट तक रखे ताकी बाहरी परत नरम हो जाये। अब इस नम अनाज को हमामदस्ते में हल्के हाथ से कूटे। यदि अनाज सूखने लगे तो थोड़ा पानी और मिलायें। 8–10 मिनट कूटने के बाद इसे छान कर भूसी निकाल ले। इस प्रक्रिया को 3–4 बार दोहराये ताकि पूरी भूसी निकल जाये। यह कुटा हुआ अनाज पकने के बाद बहुत नरम हो जाता है जिससे स्वाद अधिक बढ़ जाता है।

सामग्रीः
डीब्रान्ड बाजराः 250 ग्राम
दूधः 100 मिलीलीटर
घीः 30 ग्राम
नारियल पाउडरः 10 ग्राम
पानीः 400 मिलीलीटर

विधि:

- प्रेशर कुकर में पानी उबालें, डिब्रान्ड बाजरा डालकर 2–3 मिनट तक उबालें।
- दूध मिलाएं और अनाज के गलने तक पकाएं। प्रेशर कुकर बंद कर दें और धीमी आँच पर 30 मिनट तक पकाएं।
- प्रेशर निकल जाने पर आँच से नीचे उतार लें, खीच को डिश में परोसें और नारियल पाउडर से सजाएं।
- घी के साथ गरम परोसें।

विविधता:

- साबुत मोठ या मूंग को भी 1:1/4 के अनुपात से बाजरे में मिलाया जा सकता है।

नोट:

भ्रमित ना हों, चोकर अनाज की एक बाहरी नरम परत है और पोषक मूल्य वाले अनाज का हिस्सा है। भूसी अनाज का मोटा आवरण या छिलका है। यह मिलों में प्रारंभिक चरण में कूटकर या पीसकर निकाल दिया जाता है। डिब्रान्ड गेहूँ का आटा बाजार में स्वतंत्र रूप से उपलब्ध है जो चोकर फ़ाइबर के कुछ पोषक मूल्य को बनाए रखने के लिए एक विधि का उपयोग करता है।

प्रति 100 ग्राम पोषक मूल्य:

प्रोटीन ग्राम	ऊर्जा कैलोरी	कैल्शियम मिलीग्राम	लोहा मिलीग्राम	कैरोटिन μ ग्राम	थायमिन (बी 1) मिलीग्राम	राइबोफ्लेविन (बी 2) मिलीग्राम	नायासिन (बी 3) मिलीग्राम
32.7	1305	265	21.0	563	0.9	0.8	6.2

बाजरा गुड़मुड़िया

तली कुकी, एक चाय नाश्ता

12 टिक्की (कुकी) बनाने के लिए
तैयारी का समयः 10 मिनट
पकाने का समयः 15 मिनट

सामग्री:
बाजरा आटाः 100 ग्राम
गुड़ः 100 ग्राम
तिलः 10 ग्राम
तेलः तलने के लिए

विधि:
- आटे में तिल और 5 ग्राम तेल मिलाएं। गुड़ को पानी में घोलकर आटे में मिलाकर सख्त गूँध लें।
- छोटी टिक्कियाँ बना लें। घी गरम करें और धीमी आँच पर दोनों तरफ से सुनहरा होने तक तलें।
- धनिया चटनी के साथ गरम परोसें।

प्रति 100 ग्राम पोषक मूल्य:

प्रोटीन ग्राम	ऊर्जा कैलोरी	कैल्शियम मिलीग्राम	लोहा मिलीग्राम	कैरोटिन μ ग्राम	थायमिन (बी 1) मिलीग्राम	राइबोफ्लेविन (बी 2) मिलीग्राम	नायासिन (बी 3) मिलीग्राम
13.8	1250	265	11.6	138	0.4	0.3	2.7

बाजरा खिचड़ा

खिचड़ी

4 कटोरी बनाने के लिए
तैयारी का समयः 10 मिनट
पकाने का समयः 30 मिनट

सामग्री:

बाजराः 100 ग्राम
मूंग छिलका दालः 50 ग्राम
घीः 15 ग्राम
पानीः 300 मिलीलीटर

विधि:

- दलिया बनाने के लिए बाजरा और मूंग दाल को ग्राइंडर में अलग–अलग पीस लें। दोनों को मिला दें।
- इस मिश्रण को प्रेशर कुकर में डाल दें। नमक और पानी मिलाकर धीमी आँच पर एक सीटी आने तक पकाएं। आँच को कम कर दें और दलिया को 25 मिनट तक और पकाएं।
- घी मिलाएं और गरम परोसें।
- नोट– डीब्रान्ड बाजरे का भी उपयोग किया जा सकता है।

सम्मिश्रण:

- खिचड़ा में घी एवं चीनी, पत्तेदार सब्जियाँ एवं दही भी मिलाया जा सकता है।

प्रति १०० ग्राम पोषक मूल्य:

प्रोटीन ग्राम	ऊर्जा कैलोरी	कैल्शियम मिलीग्राम	लोहा मिलीग्राम	कैरोटिन μ ग्राम	थायमिन (बी 1) मिलीग्राम	राइबोफ्लेविन (बी 2) मिलीग्राम	नायासिन (बी 3) मिलीग्राम
23.6	663	104	10.2	269	0.6	0.4	3.4

दमदार दालें

शाकाहारी भोजन में दालें प्रोटीन और खनिज का महत्त्वपूर्ण स्रोत हैं। (देखें अनुबंध तालिका 2) राजस्थान में मुख्यतः मूंग, उड़द, चना, मोठ एवं अरहर दाल की उपज और खपत होती है।

राजस्थानी भोजन में दालों का प्रयोग बहुत अधिक किया जाता है। दालों से बनने वाली कुछ प्रसिद्ध व्यंजन भुजिया, पापड़, मंगोड़ी, पकौड़ी, बेसन, गट्टे, कढ़ी, कटलेट आदि हैं। चक्की और लड्डू जैसी मिठाइयाँ बेसन से बनती हैं। इस भाग में कुछ प्रमुख व्यंजन दिये गये हैं।

दाल बहुप्रचलित भोजन है। साधारण दाल–चावल, दाल–रोटी को रचनात्मक विविधताओं के साथ और अलग–अलग दालों के मिश्रण से अपने आप में एक पूर्ण और स्वादिष्ट भोजन में रूपांतरित किया जा सकता है।

मिक्स दाल

यह रेसिपी ज्यादा पॉष्टिक है क्योंकि इसमे 4 दालों का मिश्रण है

4 कटोरी बनाने के लिए
तैयारी का समयः 10 मिनट
पकाने का समयः 30 मिनट

सामग्रीः
धुली उड़द दालः 20 ग्राम
उड़द छिलका दालः 10 ग्राम
मूंग छिलका दालः 10 ग्राम
चना दालः 10 ग्राम
घीः 10 ग्राम
हल्दीः 3 ग्राम
गरम मसाला पाउडरः 5 ग्राम
अदरकः $1/2$" टुकड़ा
लहसुनः 4 कलियाँ
साबुत जीराः एक चुटकी
हींगः एक चुटकी
लाल मिर्च पाउडरः स्वादानुसार
नमकः स्वादानुसार

विधिः

- सारी दालों को धो लें, प्रेशर कुकर में डालें, पानी, हल्दी और नमक मिलाएं। एक सीटी आने तक तेज आँच पर पकाएं। आँच धीमी करें और पांच मिनट तक पकाएं।
- अदरक, लहसुन और मिर्च को पीसकर बारीक पेस्ट बना लें। पैन में घी गरम करें, जीरा और हींग डाल दें, थोड़ी देर घी में चटकने दें। बनाये पेस्ट को मिलाकर भूनें। गैस बंद कर आखिर में लाल मिर्च पाउडर को भुने मसाले में डालें ताकि मिर्च जले नहीं।
- गरम पेस्ट को उबली दालों में डालकर छौंक लगाएं और अच्छी तरह मिलाएं।
- हरा धनिया पत्तों से सजाएं और गरम–गरम परोसें।

प्रति 100 ग्राम पोषक मूल्यः

प्रोटीन ग्राम	ऊर्जा कैलोरी	कैल्शियम मिलीग्राम	लोहा मिलीग्राम	कैरोटिन μ ग्राम	थायमिन (बी 1) मिलीग्राम	राइबोफ्लेविन (बी 2) मिलीग्राम	नायासिन (बी 3) मिलीग्राम
11.7	270	67.4	4.5	109.7	0.2	0.2	1.1

मंगोड़ी / बड़ी

धूप में सूखी दाल बड़ी

मंगोड़ियाँ मूंग, उड़द या चवला दाल पेस्ट के बनी छोटी बड़ी हैं जिन्हें धूप में सुखाकर 6 से 12 महीने तक संरक्षित किया जा सकता है। मंगोड़ियों का उपयोग सब्जी (ग्रेवी के बिना या साथ) और पुलाव बनाने के लिए किया जाता है।

विधि:

- दाल को 5–6 घंटों के लिए भिगो दें। यदि छिलका दाल इस्तेमाल किया गया है तो छिलका अलग कर दें।
- दाल को पीसकर बारीक पेस्ट बना लें।
- हींग और नमक मिला तब तक फेंटें जब तक फूल ना जाए।
- पेस्ट से उंगलियों की सहायता से छोटे–छोटे आकार की बड़ियाँ बनाकर प्लास्टिक शीट पर थोड़ी–थोड़ी दूरी पर फैला कर धूप में सूखाएं। बड़ी बनाने के लिए प्लास्टिक कोन का भी प्रयोग किया जा सकता है।
- 4–5 दिन तक धूप में सुखाएं और हवाबंद डिब्बे में संग्रहित करें।

विविधता:

- मसाला मंगोड़ी बनाने के लिए पेस्ट में लाल मिर्च पाउडर, दरदरा पिसा धनिया पाउडर, सौंफ और बारीक कटा हुआ धनिया मिलाएं।

मंगोड़ी की सब्जी

4 कटोरी बनाने के लिए
तैयारी का समय: 10 मिनट
पकाने का समय: 10 मिनट

सामग्री:
मंगोड़ी: 50 ग्राम
घी/तेल: 15 ग्राम
हल्दी: 3 ग्राम
धनिया पाउडर: 5 ग्राम
जीरा पाउडर: 3 ग्राम
प्याज: 1 मध्यम आकार की
अदरक: ½" टुकड़ा
हरी मिर्च: 2
लाल मिर्च पाउडर: 3 ग्राम
हींग: एक चुटकी
नमक: स्वादानुसार

विधि:

- प्याज, हरी मिर्च और अदरक का पेस्ट बनाएं।
- पैन में तेल गरम करें, जीरा, हींग और पेस्ट मिलाएं, सुनहरा होने तक भूनें।
- मंगोड़ी के छोटे-छोटे टुकड़े कर लें और थोड़ा घी डालकर भूनें।
- भूनी हुई मंगोड़ी और नमक को पेस्ट में डालकर अच्छी तरह मिलाएं। पानी मिलाकर धीमी आँच पर 10 मिनट तक पकाएं।
- लाल मिर्च पाउडर का छौंक लगाएं। कटे हरे धनिये से सजाएं।

नोट:

- छौंक लगाना (टेम्परिंग) एक प्रक्रिया है जिसमें मसालों को एक के बाद एक गर्म तेल में डाला जाता है, जिसे डिश में आरंभ या अंत में मिलाया जाता है।

विविधता:

- मंगोड़ी अनेक प्रकार की सब्जियों और चावल के मिश्रण से भी बनाई जाती है। मंगोड़ी पापड़ सब्जी, आलू मंगोड़ी, मंगोड़ी पालक, मटर मंगोड़ी, मंगोड़ी मोगरी, मंगोड़ी चावल पुलाव आदि कुछ सरल और स्वादिष्ट व्यंजन हैं।

प्रति 100 ग्राम पोषक मूल्य:

प्रोटीन ग्राम	ऊर्जा कैलोरी	कैल्शियम मिलीग्राम	लोहा मिलीग्राम	कैरोटिन μ ग्राम	थायमिन (बी 1) मिलीग्राम	राइबोफ्लेविन (बी 2) मिलीग्राम	नायासिन (बी 3) मिलीग्राम	विटामिन सी मिलीग्राम
12.9	340	64.2	4.7	40.4	0.3	0.2	1.4	10.5

कढ़ी पकौड़ी

खट्टी ग्रेवी में बेसन की तली पकौड़ी

4 कटोरी बनाने के लिए
तैयारी का समय: 15 मिनट
पकाने का समय: 30 मिनट

सामग्री:
बेसन: 70 ग्राम
छाछ: 400 मिलीलीटर
मेथी दाना: 5 ग्राम
सरसों दाना: 5 ग्राम
घी: 10 ग्राम
जीरा: 5 ग्राम
हल्दी: 5 ग्राम
लाल मिर्च पाउडर: 5 ग्राम
नमक: स्वादानुसार
तेल: तलने के लिए

विधि:

- 50 ग्राम बेसन में धीरे–धीरे पानी मिलाकर पतला घोल बना लें। अच्छी तरह से फेंट ले।
- पैन में तेल गरम करें। चम्मच या उंगलियों से घोल के छोटे–छोटे हिस्से तेल में छोड़ें, मध्यम आकार की पकौड़ी सुनहरी होने तक तलें।
- बचे 20 ग्राम बेसन को छाछ में घोल लें। नमक और हल्दी डालकर अच्छी तरह मिलाएं।
- पैन को आग पर रखें, 10 ग्राम घी या तेल पैन में डालकर गरम करें, मेथी, जीरा, सरसों, हींग, कटी हरी मिर्च और करी पत्ता डालें। जब ये चटकने लगे तो बेसन और छाछ का मिश्रण डाल दें, लगातार चलाते रहें जब तक उबलने न लगे। आँच को कम कर कढ़ी को 15–20 मिनट तक पकाते रहें।
- कढ़ी में पकौड़े डाल कर 5 मिनट और पकाएं। जीरा, हींग और लाल मिर्च पाउडर का छौंक लगाएं।
- कटे हरे धनिये से सजाएं और चावल, रोटी, बाटी, लापसी के साथ गरम–गरम परोसें।

विविधता एवं मूल्य संवर्धन:

- बारीक कटी ताजा पत्तेदार सब्जियाँ जैसे बथुआ साग, पालक, कुल्फ़ा, सूखे हरे चने के पत्ते और गाजर को भी कढ़ी में मिलाया जा सकता है।

प्रति 100 ग्राम पोषक मूल्य:

प्रोटीन ग्राम	ऊर्जा कैलोरी	कैल्शियम मिलीग्राम	लोहा मिलीग्राम	कैरोटिन μ ग्राम	थायमिन (बी 1) मिलीग्राम	राइबोफ्लेविन (बी 2) मिलीग्राम	नायासिन (बी 3) मिलीग्राम
17.8	545	159	4.1	90.3	0.3	0.1	1.7

पकौड़ी सब्जी

ग्रेवी में तली पकौड़ी

4 कटोरी बनाने के लिए
तैयारी का समय: 10 मिनट
पकाने का समय: 20 मिनट

सामग्री:

बेसन: 100 ग्राम
दही: 15 ग्राम
लौंग: 2
हल्दी: 3 ग्राम
लाल मिर्च पाउडर: 5 ग्राम
धनिया पाउडर: 5 ग्राम
नमक: स्वादानुसार
तेल: मसाले के लिए
हींग: एक चुटकी
धनिया पत्ता
करी पत्ता: 6–8 पत्ते
तेल: पकौड़ी तलने के लिए
पानी: ग्रेवी बनाने के लिए

विधि:

- बेसन में नमक मिला लें, धीरे–धीरे पानी मिलाकर पतला घोल बना लें।
- गरम तेल में छोटी–छोटी पकौड़ी तलें।
- पैन में तेल/घी गरम करें, हींग, लौंग, जीरा डालें और चटकने दें। बिलोई दही डालकर अच्छी तरह मिलाएं। नमक, मसाले और पर्याप्त मात्रा में पानी डालें क्योंकि पकौड़ियाँ पानी को सोख लेती हैं। 10 मिनट तक पकाएं। पकौड़ी डालकर फिर 3–4 मिनट पकाएं।
- कटे हरे धनिये से सजाएं और रोटी, पूरी और परांठा के साथ गरम–गरम परोसें।

विविधता:

पकौड़ी का उपयोग अनेक व्यंजन बनाने के लिए किया जा सकता है, जैसे दही रायता, इमली पना, आम पना और नींबू पना आदि।

प्रति 100 ग्राम पोषक मूल्य:

प्रोटीन ग्राम	ऊर्जा कैलोरी	कैल्शियम मिलीग्राम	लोहा मिलीग्राम	कैरोटिन μ ग्राम	थायमिन (बी 1) मिलीग्राम	राइबोफ्लेविन (बी 2) मिलीग्राम	नायासिन (बी 3) मिलीग्राम
25.3	741	78	5.3	33.6	0.5	0.2	2.4

बेसन गट्टे

ग्रेवी में बेसन गट्टे

6 कटोरी बनाने के लिए
तैयारी का समयः 20 मिनट
पकाने का समयः 20 मिनट

सामग्रीः

बेसनः 200 ग्राम
तेल मोयन के लिएः 45 ग्राम
दहीः 30 ग्राम
लाल मिर्च पाउडरः 3 ग्राम
धनिया पाउडरः 5 ग्राम
अजवायनः 5 ग्राम
नमकः स्वादानुसार

ग्रेवी बनाने के लिएः

तेलः 20 ग्राम
साबुत गरम मसाला (लौंग, काली मिर्च, इलायची, तेजपत्ता के पत्ते): 5 ग्राम
लाल मिर्च पाउडरः 5 ग्राम
हींगः एक चुटकी
हल्दीः 5 ग्राम
धनिया पाउडरः 5 ग्राम
अदरकः 1/2" टुकड़ा
लहसुन कलीः 4–5
प्याजः 1 मध्यम आकार
दहीः 5 ग्राम
धनिया पत्ता
नमकः स्वादानुसार
पानीः ग्रेवी के लिए

विधि:

- बेसन में नमक, ग्राउंड मसाला, 10 ग्राम दही और तेल मोयन के लिए डालें और अच्छी तरह मिलाएं। गुँधे आटे से 1 इंच मोटाई और 3–4 इंच लंबाई के छोटे रोल बना लें। इन्हें उबलते पानी में डालें। 10–15 मिनट तक उबालें जब तक पानी में तैरने ना लगे, उनका आकार बदलने लगे और सतह से दानेदार दिखने लगें गट्टों को पानी से निकाल लें तथा छोटे गोल टुकड़ों में काट लें। बचा पनी ग्रेवी में डालें। ग्रेवी तैयार करने के लिए, प्याज, अदरक और लहसुन का पेस्ट बनाएं। एक पैन में तेल गरम करें, हींग, जीरा, साबुत गरम मसाले डालें और उन्हें चटकने दें।
- पेस्ट मिलाकर सुनहरा होने तक भूनें। अब फेंटा दही मिलाकर अच्छी तरह से चलायें।
- ग्रेवी के लिए पानी मिलाकर उबालें, गट्टे डालें और 5 मिनट तक पकाएं।
- कटे हुये धनिया के पत्तों के साथ गार्निश करें, चपाती, पूरी, और परांठे के साथ परोसें।

विविधता:

- उबले गट्टों को तलकर भी ग्रेवी में मिलाया जा सकता है।
- तले हुये गट्टों को पुलाव में भी मिलाया जा सकता है।
- गट्टे की सब्जी बिना ग्रेवी के भी बन सकती है।

प्रति 100 ग्राम पोषक मूल्य:

प्रोटीन ग्राम	ऊर्जा कैलोरी	कैल्शियम मिलीग्राम	लोहा मिलीग्राम	कैरोटिन μ ग्राम	थायमिन (बी 1) मिलीग्राम	राइबोफ्लेविन (बी 2) मिलीग्राम	नायासिन (बी 3) मिलीग्राम	विटामिन सी मिलीग्राम
42.8	1431	185	11.7	271	1.1	0.4	5.0	11

साबुत मोठ

साबुत तुर्की ग्राम सेम/ड्यू बीन्स

4 कटोरी बनाने के लिए
तैयारी का समयः 10 मिनट
पकाने का समयः 10 मिनट

मोठ की उपज मारवाड़ के अर्ध–रेगिस्तान और रेगिस्तानी क्षेत्रों में होती है जहां पानी एक दुर्लभ वस्तु है जो सब्जियों और साग के लिए लगभग प्राप्य नहीं है। साबुत मोठ से घर के सादे व्यंजन विविधताओं के साथ भुजिया, नमकीन, पापड़ और कढ़ी भोजन के समय के सामान्य व्यंजन हैं।

सामग्रीः

मोठः 50 ग्राम
चनाः 10 ग्राम
नमकः स्वादानुसार
हल्दीः एक चुटकी
जीराः 5 ग्राम
लाल मिर्च पाउडरः 5 ग्राम
हरी मिर्च कटी हुईः 2
हींगः एक चुटकी
प्याज (छोटा, कटा हुआ): 1
तेलः 10 ग्राम

विधि:

- सुबह मोठ और चने को 6 घंटे के लिए पानी में भिगो दें। पानी निकालकर रातभर अंकुरित होने के लिए रखें।
- भिगोए मोठ और चने को प्रेशर कुकर में तेज आँच पर एक सीटी आने तक उबालें। गैस से उतार लें और प्रेशर कुकर का ढक्कन खोल दें।
- पैन में तेल गरम करें, हींग, जीरा और अन्य सूखे मसाले डालें, कटी हुई प्याज एवं हरी मिर्च को भूनें, उबले मोठ और चने को डालें, धीमी आँच पर अच्छी तरह मिलाएं।
- कटे हुये धनिया के पत्तों के साथ गार्निश करें और परोसें।

प्रति १०० ग्राम पोषक मूल्य:

प्रोटीन ग्राम	ऊर्जा कैलोरी	कैल्शियम मिलीग्राम	लोहा मिलीग्राम	कैरोटिन μ ग्राम	थायमिन (बी 1) मिलीग्राम	राइबोफ्लेविन (बी 2) मिलीग्राम	नायासिन (बी 3) मिलीग्राम	विटामिन सी मिलीग्राम
14.1	344	152	5.6	95	0.15	0.1	1.6	–

बेसन चक्की

बेसन की मिठाई

15 नग बनाने के लिए
तैयारी का समय: 10 मिनट
पकाने का समय: 45 मिनट

सामग्री:
बेसन: 200 ग्राम
चीनी: 160 ग्राम
घी: 180 ग्राम
पानी: 200 मिलीलीटर
कटे हुए सूखे मेवा: गार्निश करने के लिए (वैकल्पिक)

विधि:
- बेसन में 30 ग्राम घी डालकर अच्छी तरह मसल कर मिलाएं, धीरे–धीरे पानी डालते हुये सख़्त गूँध लें।
- मुठिया (मुट्ठी के आकार के बॉल) बनाकर सुनहरा होने तक तलें।
- दरदरा पाउडर बनाने के लिए पीस लें। बचा हुआ घी गरम करें, दरदरा मिश्रण डाल कर धीमी आँच पर ज्यादा भूरा होने तक तथा अच्छी खुशबू आने तक भूनें।
- धीमी आँच पर उबलते गरम पानी में चीनी मिलाकर $1\frac{1}{2}$ तार की चाशनी बना लें और गाढ़ा होने तक चलाते रहें। भूने मिश्रण को चाशनी में डालें और अच्छी तरह मिक्स होने तक चलाते रहें।

- थाली में घी लगाकर मिश्रण को फैलायें, चपटी सतह वाली चम्मच से समतल करें।
- जब मिश्रण हल्का गरम और थोड़ा नरम हो, तो खूब सारे सूखे मेवा डालकर सजाएं।
- ठंडा होने पर चौकोर टुकड़ों में काटें और परोसें।

विविधता:

- मुठिया बनाने के लिए पानी के स्थान पर दूध का इस्तेमाल भी किया जा सकता है।
- खोया/मावा 1:¼ के अनुपात में भी इस्तेमाल भी किया जा सकता है।

प्रति १०० ग्राम पोषक मूल्य:

प्रोटीन ग्राम	ऊर्जा कैलोरी	कैल्शियम मिलीग्राम	लोहा मिलीग्राम	कैरोटिन μ ग्राम	थायमिन (बी 1) मिलीग्राम	राइबोफ्लेविन (बी 2) मिलीग्राम	नायासिन (बी 3) मिलीग्राम
41.6	3000	131	10.8	1338	1.0	0.4	4.8

स्वाद—भरी सब्जियाँ

राजस्थान के पश्चिम और दक्षिण भाग में नियमित भोजन में सब्जियों का सेवन कम किया जाता है। इसका प्रमुख कारण शुष्क रेगिस्तान और पहाड़ी इलाकों में सब्जियों की पैदावार कम होना है। अधिकांशतः इन इलाकों में बेसन, भुट्टा, सूखी सब्जियां जैसे केर सांगरी आदि दैनिक भोजन का एक प्रमुख भाग होती हैं। बेहतर होती हुई सड़कों और यातायात के साधनों के फलस्वरूप इस क्षेत्र के कई शहरों और कस्बों में सब्जियाँ और फल आसानी से उपलब्ध होने लगे हैं। गाँव के लोग सर्दी के मौसम की सब्जियों को धूप में सुखा कर या अचार बनाकर गर्मियों में इस्तेमाल करते हैं।

रतालू सब्जी

यैम करी

राजस्थान के दक्षिणी हिस्से में उगने वाला रतालू, बैंगनी रंग की जड़ वाली सब्जी है। यह आकार में लंबा है और अंदर से बैंगनी रंग का होता है। मुख्य रूप से यह सर्दियों में उपलब्ध होता है और इसे 2–3 महीने के लिए संग्रहित किया जा सकता है।

4 सर्विंग्स बनाने के लिए
तैयारी का समयः 20 मिनट
पकाने का समयः 20 मिनट

सामग्री:

रतालूः 100 ग्राम
प्याजः 1
अदरकः ½" टुकड़ा
तेलः 30 ग्राम
दहीः 30 ग्राम
लाल मिर्च पाउडरः 5 ग्राम
हींगः एक चुटकी
हल्दीः 3 ग्राम
धनिया पाउडरः 5 ग्राम
जीराः 5 ग्राम
हरी मिर्चः 2
हींगः 1 चुटकी
धनिया पत्ताः 2, 3 पत्ते
नमकः स्वादानुसार

विधि:

- हाथ में थोड़ा तेल लगाकर रतालू का बाहर का छिलका उतार लें। मध्यम आकार के टुकड़े काटकर तल लें। प्याज, अदरक, लहसुन और हरी मिर्च का पेस्ट बना लें।
- पैन में तेल गरम करें, हींग, जीरा और पेस्ट डालकर सुनहरा होने तक भूनें।
- सूखे मसाले और फेंटा दही डालकर धीमी आँच पर 5 मिनट तक भूनें। तले रतालू के टुकड़े मसाले में डालें, पानी मिलाकर एक सीटी बजने तक प्रेशर कुकर में पकाएं।
- कटे हुए धनिया के पत्तों के साथ गार्निश करें, चपाती, पूरी, और परांठा के साथ परोसें।

विविधता:

रतालू की सब्जी बिना ग्रेवी या थोड़ी कम ग्रेवी की भी बनाई जा सकती है। रतालू स्लाइस को तलकर नमक और काली मिर्च के साथ स्नैक के रूप में भी खाया जा सकता है। रतालू पकौड़ी भी प्रचलित स्नैक है। पुलाव में तले रतालू डालकर रतालू पुलाव एक स्वादिष्ट व्यंजन बन जाता है।

प्रति 100 ग्राम पोषक मूल्य:

प्रोटीन ग्राम	ऊर्जा कैलोरी	कैल्शियम मिलीग्राम	लोहा मिलीग्राम	कैरोटिन μ ग्राम	थायमिन (बी 1) मिलीग्राम	राइबोफ्लेविन (बी 2) मिलीग्राम	नायासिन (बी 3) मिलीग्राम	विटामिन सी मिलीग्राम
2.0	406	60	1.7	87	–	–	0.3	16

भरवाँ बेसन मिर्च

भरवाँ मिर्च

6 मिर्च बनाने के लिए
तैयारी का समयः 10 मिनट
पकाने का समयः 10 मिनट

यह व्यंजन विशेष बड़े आकार की मोटी और पीले रंग की मिर्च के साथ तैयार किया जाता है। यह राज्य के दक्षिणी और पश्चिमी हिस्सों में बरसात के मौसम में उगाई जाती है। यह सब्जी और बड़ा बनाने के लिए प्रयोग में लाई जाती है।

सामग्री:

मोटी पीली/हरी मिर्चः 100 ग्राम
बेसनः 50 ग्राम
हल्दीः 3 ग्राम
अमचूर/नींबू का रसः 5 ग्राम
लाल मिर्च पाउडरः 3 ग्राम
गरम मसालाः 5 ग्राम पाउडर
तेलः 25 ग्राम

विधि:

- मिर्चों को ताजे पानी में धो लें, लंबाई में एक तरफ से काट/चीर कर बीज निकाल दें।
- बेसन को धीमी आग पर भूनें, आग से उतार कर नमक, अमचूर/नींबू का रस, गरम मसाला पाउडर और आधी मात्रा में तेल मिलाएं। पानी छिड़क कर अच्छी तरह से मिक्स करें।
- बेसन मिश्रण को थोड़ा–थोड़ा प्रत्येक मिर्च में भरें और उंगलियों से दबाते रहें ताकि बेसन बाहर ना निकलें।
- पैन में तेल गरम करें, हींग एवं जीरा डालें और मसाला भरी मिर्च उसमें डालें, पानी छिड़क कर ढक्कन लगा दें। धीमी आग पर 8–10 मिनट तक पकाएं और 2–3 बार मिर्च पलट दें।
- दोपहर या रात्रि भोजन के साथ गरम परोसें।

विविधता:

बेसन की जगह उबले आलू का सभी मसालों के साथ मिश्रण बनाकर भी मिर्च में भरा जा सकता है।

प्रति 100 ग्राम पोषक मूल्य:

प्रोटीन ग्राम	ऊर्जा कैलोरी	कैल्शियम मिलीग्राम	लोहा मिलीग्राम	कैरोटिन μ ग्राम	थायमिन (बी 1) मिलीग्राम	राइबोफ्लेविन (बी 2) मिलीग्राम	नायासिन (बी 3) मिलीग्राम	विटामिन सी मिलीग्राम
13.3	440	58	7.1	243	0.4	1.3	2.3	111

मिर्ची बड़ा

तली हुई मिर्ची

6 मिर्च बनाने के लिए
तैयारी का समयः 10 मिनट
पकाने का समयः 15 मिनट

यह राजस्थान में प्रचलित स्नैक है। जोधपुर का मिर्ची बड़ा बहुत प्रसिद्ध है।

सामग्री:
मिर्च (मोटी, पीले रंग वाली): 100 ग्राम
बेसनः 100 ग्राम
आलूः 3 मध्यम आकार के
हल्दीः 1 चुटकी
अमचूरः 5 ग्राम
गरम मसाला पाउडरः 5 ग्राम
खाने का सोडाः 1 चुटकी
नमकः स्वादानुसार
धनिया पत्ता
तेलः तलने के लिए

विधि:
- आलू उबाल कर मसल लें, नमक, सारे मसाले और बारीक कटा धनिया मिला लें।
- मिर्चों को लंबाई में एक तरफ से काट/चीर कर बीज निकाल दें। आलू मसाला से भरें।
- बेसन में एक चुटकी सोडा और नमक मिलाएं, पानी मिलाते हुये मध्यम गाढ़ा घोल बना लें।
- भरी हुई मिर्चों को बेसन के घोल में डाले।
- तेल गरम करें और भरवाँ मिर्चों को धीमी आग पर सुनहरा होने तक तलें।
- हरा धनिया चटनी/सॉस/इमली चटनी के साथ गरम परोसें।

प्रति १०० ग्राम पोषक मूल्य:

प्रोटीन ग्राम	ऊर्जा कैलोरी	कैल्शियम मिलीग्राम	लोहा मिलीग्राम	कैरोटिन μ ग्राम	थायमिन (बी 1) मिलीग्राम	राइबोफ्लेविन (बी 2) मिलीग्राम	नायासिन (बी 3) मिलीग्राम	विटामिन सी मिलीग्राम
22.4	816	247	9.7	225	0.6	0.5	5.6	28.5

कच्चा केला छिलका सब्जी

हरा केला छिलका करी

ताजी सब्जियाँ जैसे कच्चा केला, लौकी, तोरी और हरे मटर के छिलकों से सब्जी बनाई जाती है।

4 कटोरी बनाने के लिए
तैयारी का समयः 10 मिनट
पकाने का समयः 10 मिनट

सामग्री:
कच्चा केला (हरा केला): 100 ग्राम
बेसनः 10 ग्राम
तेलः 10 ग्राम
हरी मिर्चः 1
लाल मिर्च पाउडरः 5 ग्राम
धनिया पाउडरः 5 ग्राम
हल्दीः 3 ग्राम
अमचूरः 3 ग्राम
अज़वायनः 3 ग्राम
हींगः 1 चुटकी
नमकः स्वादानुसार

विधि:

- हरे केले का थोड़ा गूदा रखते हुए छिलका उतार लें। छिलकों को छोटे–छोटे गोल टुकड़ों में काट लें और पानी में भिगो दें ताकि काला नहीं पड़े।
- पैन में तेल गरम करें, हींग एवं अजवायन डालें, अच्छी तरह चटकने दें।
- छिलकों के टुकड़ों और सारे सूखे मसालों को डालें।
- पकने के लिए थोड़ा सा पानी छिड़के, ढक्कन लगाकर धीमी आग पर 5–7 मिनट छिलकों के नरम होने तक पकाएं।
- ढक्कन खोलकर बेसन और पानी डालें, फिर बंद करके 2 मिनट पकाएं। आखिर में अमचूर पाउडर डाल दें।
- चपाती, पूरी, और परांठा के साथ गरम परोसें।

विविधता:
इसी तरीके से ताजा लौकी और तोरी के छिलकों की सब्जी भी बनाई जा सकती है।

नोट:
छिलकों के पोषक मूल्य उपलब्ध नहीं है।

सूखी सब्जियों की करी

3 कटोरी बनाने के लिए
तैयारी का समयः 5 मिनट
पकाने का समयः 5 मिनट

ग्वार फली, कचरी, गूंदा, केर सांगरी, मेथी पत्ते, पालक, पुदीना, मटर, ताजा नरम चना पत्तियाँ और गाजर आदि कई सब्जियाँ मौसम के दौरान सुखाई जाती हैं और बेमौसम में सब्जी बनाने के लिए इस्तेमाल की जाती हैं। ग्वार फली और गुंदा ब्लांच करके धूप में सुखाये जाते हैं। मटर, ताजा नरम चना और गाजर आदि कुछ सब्जियाँ ब्लांच होने के बाद इन्हें एक साल तक अधिकतर शहरों में डीप फ्रीजर में रखा जाता है।

ब्लांचिंग के लिए, सब्जी के टुकड़ों और मटर को साफ पतले कपड़े की पोटली में बांधें। एक पैन में पानी उबाल लें, ½ चम्मच प्रति किलो सब्जी के अनुपात में पानी में नमक डालें। उबलते पानी में पोटली को 2 मिनट के लिए रखें, पोटली को पानी से निकालें और तुरंत ठंडे पानी में डुबो दें। इससे आगे पकना बंद हो जाएगा और अचानक तापमान में बदलाव के कारण बैक्टीरिया भी नष्ट हो जाएगा। इसके बाद सब्जियों को धूप में 3–4 दिन के लिए सुखाया जाता है, फिर पॉलिथीन बैग में पैकिंग के बाद डीप फ्रीजर में रखा जाता है। सूखे सब्जियों को हवाबंद कंटेनर में संरक्षित किया जाता है।

सामग्री:

सूखी सब्जियाँः 50 ग्राम
तेलः 15 ग्राम
जीराः 3 ग्राम
लाल मिर्च पाउडरः 3 ग्राम
हल्दीः 3 ग्राम
धनिया पाउडरः 3 ग्राम
अमचूरः 5 ग्राम
गरम मसाला पाउडरः 5 ग्राम
प्याजः मध्यम आकार की
अदरकः ½" टुकड़ा
हरी मिर्चः 1–2
धनिया पत्ता
हींगः एक चुटकी
नमकः स्वादानुसार

विधि:

- सूखी सब्जियों को थोड़े पानी में 1–2 घंटों के लिए भिगो दें, समय सब्जी की किस्म पर निर्भर करता है, उदाहरण के लिए पत्तेदार सब्जियों को केवल 10 से 15 मिनट के लिए ही भिगोयें। पानी मत निकालें।
- प्याज और हरी मिर्च को पीसकर पेस्ट बना लें।
- पैन में तेल गरम करें, जीरा, हींग और पेस्ट को सुनहरा होने तक भूनें।
- सूखी सब्जियों एवं सूखे मसालों को डालें और 5 से 10 मिनट तक पकाएं जब तक नरम न हो जाएं। अमचूर और गरम मसाला डाल दें। धनिया पत्तों से सजाएं।
- चपाती, पूरी और परांठा के साथ गरम परोसें।

विविधता:

सूखी गंवार फली को तलें, नमक और लाल मिर्च पाउडर छिड़क दें। तली हुई फलियों को स्नैक की तरह परोसें।

पच कुटा/केर सांगरी

पाँच का मिश्रण

4 कटोरी बनाने के लिए
तैयारी का समय: 10 मिनट
पकाने का समय: 30 मिनट

पच कुटा पश्चिमी राजस्थान की एक विशेषता है। यह ठेठ रेगिस्तानी भोजन है जिसमें स्थानीय फसल – फलियाँ, बीज और फलों को मसालों के साथ छौंका जाता है। पचकुटा पांच पौध उत्पाद–केर, सांगरी, कुमठी, कचरी और गुंदा का मिश्रण है। इसे केर सांगरी के नाम से भी जाना जाता है और यह बाजार में आसानी से उपलब्ध है।

सामग्री:

केर सांगरी: 100 ग्राम
तेल: 30 ग्राम
जीरा: 5 ग्राम
लाल मिर्च पाउडर: 5 ग्राम
साबुत लाल मिर्च: 3
धनिया पाउडर: 5 ग्राम
सौंफ: 2 ग्राम
अमचूर: 5 ग्राम
नमक: स्वादानुसार

विधि:

- केर सांगरी को धो कर 3 से 4 घंटों के लिए भिगो दें, पानी निकाल दें, थोड़े ताजे पानी में प्रेशर कुकर में एक सीटी बजने तक पकाएं।
- उबले केर सांगरी में सारे सूखे मसालें और नमक मिलाएं।
- एक दूसरे पैन में तेल गरम करें, हींग, जीरा और साबुत लाल मिर्च डालें, केर सांगरी को मिलाकर पांच मिनट तक पकाएं।
- अमचूर डाल कर अच्छी तरह मिलाएं। इसे 3–4 दिन के लिए रखा जा सकता है।
- चपाती, पूरी, और परांठा के साथ गरम परोसें।

विविधता:

अमचूर की जगह आम के अचार का मसाला या इमली का गूदा भी मिलाया जा सकता है।

नोट:

पोषक मूल्य उपलब्ध नहीं है।

मीठी दाना मेथी सब्जी

मेथी दाने की मिठास वाली करी

4 कटोरी बनाने के लिए
तैयारी का समयः 5 मिनट
पकाने का समयः 20 मिनट

सामग्री:
दाना मेथीः 50 ग्राम
चीनीः 20 ग्राम
किशमिशः 50 ग्राम
हल्दीः 3 ग्राम
धनिया पाउडरः 5 ग्राम
अमचूर पाउडरः 3 ग्राम
लाल मिर्च पाउडरः 3 ग्राम
जीराः 3 ग्राम
हींगः एक चुटकी
तेलः 15 ग्राम
नमकः स्वादानुसार

विधि :

- मेथी दाना को रात भर पानी मे भिगो कर रखें, पानी निकाल दें, प्रेशर कुकर में ताजा पानी डाल कर एक सीटी आने तक पकाएं। कुकर खोल कर पानी निकाल दें।
- उबले हुये मेथी दाना को ताजा चलते पानी में दो–तीन बार धोयें, सब्जी में कड़वेपन नहीं आ जाये, इसलिए ध्यान रखें कि बाहर का छिलका नहीं टूटे।
- पैन में तेल गरम करें, हींग, जीरा और सारे मसाले (अमचूर और चीनी को छोड़ कर) डाल दें, थोड़ा पानी भी डालें।
- चीनी डाल कर घुलने तक पकने दें, पैन में दाना मेथी एवं किशमिश डालें, धीमी आग पर पांच मिनट तक पकाएं, आखिर में अमचूर पाउडर मिलाएं।
- गरम परोसें।

विविधता:
अमचूर की जगह सूखी इमली के टुकड़े भी मिलाये जा सकते हैं। भिगो कर रखे कटे खजूर भी मिलाये जा सकते हैं।

प्रति १०० ग्राम पोषक मूल्य:

प्रोटीन ग्राम	ऊर्जा कैलोरी	कैल्शियम मिलीग्राम	लोहा मिलीग्राम	कैरोटिन μ ग्राम	थायमिन (बी 1) मिलीग्राम	राइबोफ्लेविन (बी 2) मिलीग्राम	नायासिन (बी 3) मिलीग्राम
14.0	535	123.5	7.2	49.2	0.2	0.3	0.9

दाना मेथी पापड़

पापड़ के साथ सूखे मेथी दाने की करी

4 कटोरी बनाने के लिए
तैयारी का समयः 5 मिनट
पकाने का समयः 20 मिनट

मेथी दाना सब्जी राजस्थानी थाली का एक विशेष अंग है। मेथी दाना (सूखी मेथी के बीज) कैल्शियम और लौह से भरपूर है और जोड़ों के दर्द एवं सुपाचन के लिए अच्छा माना जाता है। (परिशिष्ट तालिका 6)

सामग्रीः

दाना मेथीः 50 ग्राम
पापड़ः 2
तेलः 25 ग्राम
लाल मिर्च पाउडरः 5 ग्राम
हल्दीः 3 ग्राम
जीराः 2 ग्राम
अमचूर पाउडरः 3 ग्राम
गरम मसालाः एक चुटकी
नमकः स्वादानुसार

विधि:

- मेथी दाना को रात भर पानी मे भिगो कर रखें, पानी निकाल दें, प्रेशर कुकर में ताजा पानी डाल कर एक सीटी आने तक पकाएं। कुकर खोल कर पानी निकाल दें।
- उबले हुये मेथी दाना को ताजा चलते पानी में हाथ से रगड़े बिना दो–तीन बार धोयें, पानी को धीरे–धीरे उस पर बहने दें। मसलने से बाहर का छिलका टूट सकता है जिससे सब्जी में कड़वापन आ सकता है।
- पैन में तेल गरम करें, हींग, जीरा डालें, 2–3 मिनट तक चटकने दें, भीगा मेथी दाना और भुने पापड़ के टुकड़े डाल दें, धीमी आग पर चार–पांच मिनट तक पकाएं, आखिर में अमचूर और गरम मसाला पाउडर मिलाएं।
- चपाती, पूरी और परांठा के साथ गरम–गरम परोसें।

विविधता:

आलू के साथ मेथी दाना एक प्रचलित और विशेष व्यंजन है।

प्रति 100 ग्राम पोषक मूल्य:

प्रोटीन ग्राम	ऊर्जा कैलोरी	कैल्शियम मिलीग्राम	लोहा मिलीग्राम	कैरोटिन μ ग्राम	थायमिन (बी 1) मिलीग्राम	राइबोफ्लेविन (बी 2) मिलीग्राम	नायासिन (बी 3) मिलीग्राम
20.3	496	80	3.3	62.7	0.4	0.3	1.5

लहसुन चटनी

राजस्थान के ग्रामीण क्षेत्रों में यह विशेष रूप से एक बहुत ही लोकप्रिय व्यंजन है। इसे बाटी, कढ़ी, चावल के साथ खाया जाता है। यह भोजन में स्वाद और खुशबू बढ़ाता है और इसका औषधीय मूल्य भी है।

1 कटोरी बनाने के लिए
तैयारी का समयः 15 मिनट
पकाने का समयः 5 मिनट

सामग्रीः

लहसुनः 1 गाँठ
साबुत लाल मिर्चः 5
हल्दीः 3 ग्राम
धनिया पाउडरः 3 ग्राम
गरम मसाला पाउडरः 3 ग्राम
तेलः 10 ग्राम
नमकः स्वादानुसार

विधिः

- लहसुन की कलियाँ छील लें, लाल मिर्चों के साथ पीस कर पेस्ट बना लें।
- तेल गरम करें, पेस्ट और मसाला डालें।
- सुनहरा होने तक भूने जब तक मसाला तेल न छोड़ने लगे।
- दोपहर या रात्रि भोजन के साथ गरम–गरम परोसें।

विविधता:
चटनी को पकाए बिना मसाला पाउडर को मिलाकर लहसुन–मिर्ची पेस्ट बना सकते हैं। इसमें धनिया पत्तों को भी मिलाया जा सकता है।

प्रति १०० ग्राम पोषक मूल्य:

प्रोटीन ग्राम	ऊर्जा कैलोरी	कैल्शियम मिलीग्राम	लोहा मिलीग्राम	कैरोटिन μ ग्राम	थायमिन (बी 1) मिलीग्राम	राइबोफ्लेविन (बी 2) मिलीग्राम	नायासिन (बी 3) मिलीग्राम
4.8	186	31	0.83	54	0.5	0.2	1.3

पापड़ सब्जी

पापड़ करी

4 कटोरी बनाने के लिए

तैयारी का समयः 5 मिनट

पकाने का समयः 5 मिनट

सामग्री:

मूंग दाल पापड़: 5

तेलः 15 ग्राम

जीराः 3 ग्राम

हल्दीः 3 ग्राम

लाल मिर्च पाउडरः 5 ग्राम

दहीः 10 ग्राम

हींगः एक चुटकी

धनिया पत्ता 2–3 डंठल

नमकः स्वादानुसार

विधि:

- पापड़ को भून कर छोटे टुकड़े कर लें।
- पैन में तेल गरम करें, हींग, जीरा डालें, 2–3 मिनट तक चटकने दें, दही और मसाले डालकर अच्छी तरह मिलाएं। पानी डालकर उबालें, पापड़ के टुकड़े मिलाकर 2–3 मिनट तक पकाएं।
- कटे धनिया पत्तों से गार्निश करें। यह तुरन्त बनने वाली रेसिपी है।

प्रति 100 ग्राम पोषक मूल्य:

प्रोटीन ग्राम	ऊर्जा कैलोरी	कैल्शियम मिलीग्राम	लोहा मिलीग्राम	कैरोटिन μ ग्राम	थायमिन (बी 1) मिलीग्राम	राइबोफ्लेविन (बी 2) मिलीग्राम	नायासिन (बी 3) मिलीग्राम
24.8	489	90	3.9	52	0.5	0.2	2.4

कच्ची हल्दी की सब्जी

2 कटोरी बनाने के लिए
तैयारी का समय: 15 मिनट
पकाने का समय: 10 मिनट

सामग्री:

कच्ची हल्दी: 200 ग्राम
तेल: 50 ग्राम
सौंफ: 30 ग्राम
राई: 10 ग्राम
लाल मिर्च पाउडर: 10 ग्राम
काली मिर्च: 4–5 टुकड़े
जीरा: 5 ग्राम
अमचूर: 5 ग्राम
नमक: स्वादानुसार

विधि:

- हल्दी को धोकर छील लें, छोटे टुकड़े काट लें।
- सूखी सौंफ, मेथी दाना, राई और काली मिर्च को दरदरा पीस लें।
- तेल गरम करें, हींग, जीरा और पिसे मसाले डालें, फिर हल्दी के टुकड़े डाल दें, अच्छी तरह मिलाएं। 5–7 मिनट तक पकाएं।
- नमक, अमचूर, लाल मिर्च पाउडर डालकर धीमी आग पर 4–5 मिनट तक पकाएं।
- इस सब्जी को हवाबंद डिब्बे में भर कर फ्रीज में संरक्षित कर सकते हैं जिससे कुछ दिनों तक अचारी करी का मजा ले सकते हैं।

हल्दी में बहुत अधिक औषधीय गुण होते हैं, इसलिए हल्दी को भोजन में लेने की सलाह दी जाती है। यदि फ्रिज में रखा जाये तो अधिक समय तक संरक्षित किया जा सकता है।

मिर्ची के टपोरे

चिल्ली ड्राई डिप

यह ग्रामीण क्षेत्रों में एक सामान्य पकवान है और इसकी लोकप्रियता अब शहरी क्षेत्रों में भी बढ़ रही है। यह जल्दी से तैयार हो जाती है और एक साइड डिश के रूप में इसका प्रयोग किया जाता है।

6 कटोरी बनाने के लिए
तैयारी का समय: 5 मिनट
पकाने का समय: 8 मिनट

सामग्री:
मोटी हरी मिर्चः 50 ग्राम
राईः 3 ग्राम
तेलः 5 ग्राम
हल्दीः एक चुटकी
सौंफः 10 ग्राम
अमचूरः 10 ग्राम
नमकः स्वादानुसार

विधि:

- मिर्चों को धो लें, छोटे गोल टुकड़ों में काट लें और पानी में भिगो दें। इससे छोट–छोटे बीज निकल जाते हैं।
- पैन में तेल गरम करें, राई डाल के चटकने दें, फिर मिर्चे डाल दें। नमक, हल्दी और सौंफ डालकर 3–4 मिनट तक भूनें, अमचूर पाउडर मिला दें।
- भोजन और स्नैक के साथ परोसें।

प्रति १०० ग्राम पोषक मूल्य:

प्रोटीन ग्राम	ऊर्जा कैलोरी	कैलियम मिलीग्राम	लोहा मिलीग्राम	कैरोटिन μ ग्राम	विटामिन सी मिलीग्राम	राइबोफ्लेविन (बी 2) मिलीग्राम	नायासिन (बी 3) मिलीग्राम
1.5	59.5	15	2.2	88	55.5	0.2	0.45

मीट, चिकन और मछली

मांसाहारी ज़ायका

राजस्थान की एक बड़ी आबादी शाकाहारी है लेकिन कुछ समूह हैं– विशेष रूप से आदिवासी और ग्रामीण क्षेत्रों में, जो मांसाहारी भोजन का आनंद लेते हैं। वे मांस, चिकन, अंडे और मछली का उपभोग करते हैं जो प्रोटीन, खनिज और कैलोरी का एक अच्छा स्रोत है (परिशिष्ट तालिका 5)। ये तुलनात्मक रूप से अधिक महंगे होते हैं, राजस्थान में लोग विशेष अवसरों खासकर, त्योहारों या पार्टियों पर या समारोह के दौरान मांसाहारी भोजन का उपभोग करते हैं।

लाल मांस

राजस्थानी लाल मीट करी

12 सर्विंग्स के लिए
तैयारी का समयः 30 मिनट
पकाने का समयः 60 मिनट

सामग्री:

मटनः 1 किलो ग्राम
सरसों का तेलः 100 ग्राम
प्याजः 8 मध्यम आकार
लहसुनः 1 बड़ा गाँठ
अदरकः 2" टुकड़े
साबुत गरम मसालाः 6–8 पीस (लौंग, काली मिर्च, इलायची और तेजपत्ता)
जीराः 10 ग्राम
लाल मिर्च पाउडरः 10 ग्राम
धनिया पाउडरः 15 ग्राम
गरम मसाला पाउडरः 10 ग्राम
दहीः 100 ग्राम
टमाटरः 5–6 मध्यम आकार के
धनिया पत्ता
नमकः स्वादानुसार
पानीः ग्रेवी के लिए

विधि:

- मटन के टुकड़ों को 10–15 मिनट के लिए पानी में भिगो दें, चलते पानी में 3–4 बार धो लें, पानी को निकाल दें। एक साफ कपड़े से दबाकर सुखा लें, तेज धार चाकू से अतिरिक्त वसा को हटा दें।
- आधे प्याजों को लंबे टुकड़ों में काट लें और बाकी प्याज का पेस्ट बना लें। अदरक और लहसुन का पेस्ट अलग–अलग बनाएं।
- प्रेशर कुकर में तेल गरम करें, साबुत गरम मसालें एवं कटी प्याज को डाल कर भून लें!
- अब मीट के टुकड़े, प्याज का पेस्ट डालकर 15–20 मिनट तक भूने, जब तक इसका रंग भूरा और फिर ज्यादा भूरा होने लगे। फेंटा हुआ दही और कटे टमाटर डालकर 10–15 मिनट तक पकाएं जिससे सारी सामग्री अच्छी तरह मिक्स हो जाये।
- आखिर में अदरक और लहसुन का पेस्ट डालकर अच्छी तरह से मिलाएं। इस तरह से अदरक और लहसुन की खुशबू बनी रहती है। सारी सामग्री को तब तक भूनते रहें जब तक मसाला तेल न छोड़ने लगे।
- अब नमक एवं 400 मिलीलीटर पानी डालकर कुकर बंद कर दें, एक सीटी आने के बाद आग धीमी कर दें और 15 मिनट तक पकाएं।

- आवश्यकता के हिसाब से ग्रेवी में तरल पदार्थ को समायोजित करने के बाद बारीक कटा हुआ धनिया के पत्तों के साथ गार्निश करें और चावल, रोटी या परांठा के साथ गरम–गरम परोसें।

विविधता:

राजस्थान में, धुंधारू मांस बहुत प्रसिद्ध है। धुंधारू का अर्थ है कि तैयारी के समय धुएं की धूनी देना जो विशेष सुगंध और स्वाद देता है। इस प्रक्रिया के लिए, पकाये गये मटन के ऊपरी भाग में एक छोटे स्टील का कटोरा या कटोरी रखें। कटोरी में जलते कोयले रखें और उस पर 4–5 ग्राम घी डाल दें। पैन को ढक दें, घी से निकलने वाला धुंआ मांस में अवशोषित हो जाएगा।

प्रति १०० ग्राम पोषक मूल्य:

प्रोटीन ग्राम	ऊर्जा कैलोरी	कैल्शियम मिलीग्राम	लोहा मिलीग्राम	कैरोटिन μ ग्राम	थायमिन (बी 1) मिलीग्राम	राइबोफ्लेविन (बी 2) मिलीग्राम	नायासिन (बी 3) मिलीग्राम	विटामिन सी मिलीग्राम
191.6	5681	1865	30.8	1070	0.77	1.8	3.22	122.5

कीमा मटर

6 सर्विंग्स के लिए

तैयारी का समय: 20 मिनट

पकाने का समय: 50 मिनट

सामग्री:

कीमा मीट: 1 किलो ग्राम

तेल: 90 ग्राम

प्याज: 4 मध्यम आकार

लहसुन: 1 बड़ी गाँठ

अदरक: 2" टुकड़े

हरी मिर्च: 3

मटर: 300 ग्राम

टमाटर: 3–4 मध्यम आकार

धनिया पाउडर: 15 ग्राम

हल्दी: 5 ग्राम

साबुत गरम मसाला: 5–6 पीस (लौंग, काली मिर्च, इलायची और तेजपत्ता)

साबुत लाल मिर्च: 4

लाल मिर्च पाउडर: 10 ग्राम

नमक: स्वादानुसार

विधि:

- कीमा मीट खरीदें, बड़ी छलनी में चलते पानी में खूब अच्छी तरह धो लें और 15 मिनट के लिए पानी में भिगो कर रखें। मटर को धोकर छील लें। अदरक, लहसुन, और प्याज का बारीक पेस्ट बना लें।
- प्रेशर कुकर में तेल गरम करें, साबुत गरम मसाले व इलायची डाले व चटकने दे, अदरक, लहसुन और प्याज के पेस्ट को डालें, अच्छी तरह मिक्स करें।
- सारे मसालों को खूब भूनें, कीमा और सारे सूखे मसालें डालकर अच्छी तरह से चलायें।
- तब तक भूनते रहें जब तक मसाला तेल न छोड़ने लगे और कीमा का रंग गहरा भूरा न हो जाए।
- आधा गिलास पानी मिलाएं, प्रेशर कुकर में ढक्कन लगाकर धीमी आग पर 15 मिनट तक पकाएं। जब ठंडा हो जाये तो कुकर को खोलकर मटर मिला दें। फिर दोबारा प्रेशर कुकर में धीमी आँच पर 7–8 मिनट तक पकायें।
- अंततः बारीक कटे धनिया के पत्तों के साथ गार्निश करें और पूरी या परांठा के साथ गरम परोसें।

प्रति 100 ग्राम पोषक मूल्य:

प्रोटीन ग्राम	ऊर्जा कैलोरी	कैल्शियम मिलीग्राम	लोहा मिलीग्राम	कैरोटिन μ ग्राम	थायमिन (बी 1) मिलीग्राम	राइबोफ्लेविन (बी 2) मिलीग्राम	नायासिन (बी 3) मिलीग्राम	विटामिन सी मिलीग्राम
242	2468	325	7.3	291.5	0.8	–.	3.35	60

चिकन करी

10 सर्विंग्स के लिए

तैयारी का समयः 15 मिनट

पकाने का समयः 30 मिनट

सामग्रीः

चिकनः 1 किलो ग्राम

तेलः 90 ग्राम

प्याजः 6 मध्यम आकार

लहसुनः 1 बड़ी गाँठ

अदरकः 4" टुकड़े

टमाटरः 4 मध्यम आकार

धनिया पाउडरः 15 ग्राम

हल्दीः 5 ग्राम

जीराः 5 ग्राम

साबुत गरम मसालाः 6–8 पीस (लौंग, काली मिर्च, इलायची और तेजपत्ता)

नमकः स्वादानुसार

विधिः

- चिकन को ताजा चलते पानी में खूब अच्छी तरह धो लें। अदरक, लहसुन और प्याज का बारीक पेस्ट बना लें।
- प्रेशर कुकर में तेल गरम करें, साबुत गरम मसाले और जीरा डालें, अच्छी तरह चटकने दें, अदरक, लहसुन और प्याज के पेस्ट को डालें, अच्छी तरह मिक्स करें।
- सारे मसालों को खूब भूनें, सारे सूखे मसालें डालकर अच्छी तरह से चलायें। कटे टमाटर के टुकड़े डालकर तब तक पकाएं जब तक टमाटर मसाले में अच्छी तरह मिक्स ना हो जाए।
- चिकन के टुकड़े डालकर मसाले में मिलाएं, हल्का सुनहरा रंग होने तक भूनें।
- एक गिलास पानी और नमक मिलाएं, प्रेशर कुकर में धीमी आग पर 15 मिनट तक पकाएं। आवश्यकता के हिसाब से अधिक ग्रेवी के लिए पानी की मात्रा बढ़ाई जा सकती है और कम ग्रेवी के लिए तेज आँच में पकाकर घटाई जा सकती है।
- अंततः बारीक कटे धनिया के पत्तों के साथ गार्निश करें और चपाती और चावल के साथ गरम–गरम परोसें।

प्रति 100 ग्राम पोषक मूल्यः

प्रोटीन ग्राम	ऊर्जा कैलोरी	कैल्शियम मिलीग्राम	लोहा मिलीग्राम	कैरोटिन μ ग्राम	थायमिन (बी 1) मिलीग्राम	राइबोफ्लेविन (बी 2) मिलीग्राम	नायासिन (बी 3) मिलीग्राम	विटामिन सी मिलीग्राम
269	2249	616	5.6	949	0.72	1.63	3.12	122.5

अंडा करी

4 सर्विंग्स के लिए
तैयारी का समयः 10 मिनट
पकाने का समयः 15 मिनट

सामग्री:
मुर्गी अंडाः 4
तेलः 20 ग्राम
प्याजः 2 मध्यम आकार
लहसुनः 6 कली
अदरकः 1" टुकड़ा
टमाटरः 1 मध्यम आकार
धनिया पाउडरः 10 ग्राम
हल्दीः 3 ग्राम
साबुत गरम मसालाः 6–8 पीस (लौंग, काली मिर्च, इलायची और तेजपत्ता)
लाल मिर्च पाउडरः 3 ग्राम
गरम मसाला पाउडरः 5 ग्राम
नमकः स्वादानुसार
धनिया पत्ता 3, 4 डंठल

विधि:

- अंडों को उबाल लें, ठंडे पानी में रखकर ठंडा होने दें और छिलका उतार दें। अंडों को छीलने का एक आसान तरीका है। पूरे उबले अंडे को चम्मच के पिछले हिस्से से हल्का–हल्का मारने से छिलका टूटकर आसानी से निकल जाता है।
- अदरक, लहसुन, और प्याज का बारीक पेस्ट बना लें। प्यूरी के लिए टमाटर को अलग से पीस लें।
- पैन में तेल गरम करें, साबुत गरम मसालें और जीरा डालें, अच्छी तरह चटकने दें, इलायची को कूटकर डालें। पेस्ट को डालकर अच्छी तरह सुनहरा होने तक भूनते रहें। टमाटर प्यूरी डालकर पांच मिनट तक पकाएं, सूखे मसाले मिलाकर हल्का हल्का चलाकर भूनें।
- ग्रेवी के लिए पानी, नमक डालकर अच्छी तरह मिलाते हुये पकाएं और एक उबाल आने दें।
- उबले अंडों को ग्रेवी में डालें, पांच मिनट तक और पकाएं।
- बारीक कटे धनिया के पत्तों के साथ गार्निश करें और चपाती या चावल के साथ गरम–गरम परोसें।

विविधता और मूल्य संवर्धन:

अंडा करी में मटर और आलू भी मिलाए जा सकते हैं। आलू मिलाने के लिए, 4 मध्यम आकार के आलू को चलते पानी में अच्छी तरह धोकर चौड़ाई में काट लें, आलू उबालकर ठंडा होने पर छिलका उतार दें। हल्के भूरे रंग का भून कर अलग रख दें। अंडों को ग्रेवी में डालने से थोड़ा पहले आलू को डाल दें, 2–3 मिनट तक पकने दें जिससे स्वाद अच्छी तरह घुल–मिल जाए। ग्रेवी में डालने से पहले उबले अंडों का छिलका उतार कर हल्का सुनहरा तलकर अलग रखा जा सकता है।

प्रति 100 ग्राम पोषक मूल्य:

प्रोटीन ग्राम	ऊर्जा कैलोरी	कैल्शियम मिलीग्राम	लोहा मिलीग्राम	कैरोटिन μ ग्राम	थायमिन (बी 1) मिलीग्राम	राइबोफ्लेविन (बी 2) मिलीग्राम	नायासिन (बी 3) मिलीग्राम	विटामिन सी मिलीग्राम
22.6	517	171	5.8	1010	0.3	0.7	0.7	36

फिश करी

6 कटोरी के लिए
तैयारी का समयः 45 मिनट
पकाने का समयः 20 मिनट

मछली को सबसे अच्छा गैर–शाकाहारी भोजन माना जाता है क्योंकि इसमें अच्छी गुणवत्ता होती है और आसानी से पचने वाला प्रोटीन होता है। इसमें कैल्शियम की प्रचूर मात्रा भी होती है।

सामग्रीः

मछली (रोहू/कतला): 1 किलो ग्राम
प्याजः 5 मध्यम आकार
लहसुनः 2 बड़ी गाँठ
तेलः 20 ग्राम
अदरकः 2" टुकड़े
हल्दीः 5 ग्राम
नींबूः 2 टुकड़े
टमाटरः 3 मध्यम आकार
धनिया पाउडरः 20 ग्राम
लाल मिर्च पाउडरः 10 ग्राम
मेथी दानाः 5 ग्राम
राईः 5 ग्राम
नमकः स्वादानुसार
धनिया पत्ता
पानीः 400 मिलीलीटर

विधि:

- मछली के टुकड़ों को चलते पानी में अच्छी तरह धो लें और साफ सूखे कपड़े से दबाकर पोंछ लें। प्रत्येक टुकड़े पर हल्दी, नमक और नींबू का रस लगएं। इन टुकड़ों को 30 मिनट तक मेरिनेट होने के लिए रख दें।
- अदरक, लहसुन, प्याज, राई और टमाटर का अलग–अलग पेस्ट बना लें।
- पैन में तेल गरम करें, मेथी दाना और मसालों का पेस्ट डालकर अच्छी तरह मिक्स करें, अब टमाटर की प्यूरी डालकर 5 मिनट तक पकाएं, नमक और दूसरे मसाले डालकर अच्छी तरह चलायें।
- पानी मिलाकर धीमी आँच पर 5 मिनट तक उबलने दें, मछली के टुकड़ों को मसाले में मिलाएं और ढक्कन बंदकर 15–20 मिनट तक पकायें।
- गैस स्टोव से उतार कर बारीक कटे धनिया के पत्तों के साथ गार्निश करें।
- चावल या चपाती के साथ गरम–गरम परोसें।

प्रति 100 ग्राम पोषक मूल्य:

प्रोटीन ग्राम	ऊर्जा कैलोरी	कैल्शियम मिलीग्राम	लोहा मिलीग्राम	कैरोटिन μ ग्राम	थायमिन (बी 1) मिलीग्राम	राइबोफ्लेविन (बी 2) मिलीग्राम	नायासिन (बी 3) मिलीग्राम	विटामिन सी मिलीग्राम
178	1782	684	15.6	75.5	0.7	0.74	8.8	264.7

फिश फ्राई (स्नैक/स्टार्टर)

6 प्लेट के लिए

तैयारी का समयः 45 मिनट

पकाने का समयः 20 मिनट

सामग्री:

मछली (रोहू/कतला/बच्छा): 1 किलोग्राम

बेसनः 50 ग्राम

सूजीः 50 ग्राम

दहीः 20 ग्राम

लहसुनः 1 बड़ी गाँठ

सरसों तेलः 20 ग्राम

अदरकः 3" टुकड़े

हल्दीः 20 ग्राम

नींबूः 1 रस के लिए

लाल मिर्च पाउडरः 10 ग्राम

गरम मसाला पाउडरः 15 ग्राम

चाट मसालाः 10 ग्राम

नमकः स्वादानुसार

विधि:

- रोहू मछली को चलते पानी में अच्छी तरह धो लें और साफ सूखे कपड़े से दबाकर पोंछ लें। प्रत्येक टुकड़े पर हल्दी, नमक और नींबू का रस लगाएं। इन टुकड़ों को 20 मिनट तक ठंडी जगह पर रख दें।
- अदरक और लहसुन प्याज का पेस्ट बना लें। बेसन, दही और सूखे मसालों को पेस्ट में मिला लें। बनाये गये मिश्रण में मछली को मेरिनेट करें, ½ घंटे के लिए रख दें।
- मछली को तलने के लिए प्लेट में सूजी निकाल लें, प्रत्येक पीस को सूजी में लपेट लें।
- सरसों का तेल गरम करें, सूजी लगे मछली के टुकड़ों को धीमी आग पर तलें जब तक सुनहरे न हो जायें। प्रिक करके देख लें कि मछली अंदर से पूरी तैयार है। आँच को तेज कर भूरा होने दें।
- चाट मसाला, गरम मसाला पाउडर और नमक छिड़कें, तुरंत चटनी के साथ गरम–गरम परोसें।

प्रति 100 ग्राम पोषक मूल्य:

प्रोटीन ग्राम	ऊर्जा कैलोरी	कैल्शियम मिलीग्राम	लोहा मिलीग्राम	कैरोटिन μ ग्राम	थायमिन (बी 1) मिलीग्राम	राइबोफ्लेविन (बी 2) मिलीग्राम	नायासिन (बी 3) मिलीग्राम	विटामिन सी मिलीग्राम
182	2278	657	13.5	135	0.8	0.8	9.0	231.7

खाना तीज–त्योहार का

भारत त्योहारों के लिए जाना जाता है। राजस्थान के विभिन्न क्षेत्रों में कई त्योहार मनाए जाते हैं जो जीवन की एकरसता को तोड़ते हैं। त्योहारों पर विशेष भोजन तैयार किया जाता है जो दैनिक भोजन की नियमितता में विविधता लाता है। विभिन्न त्योहारों पर अनेक पारम्परिक व्यंजन बनाए जाते हैं। कुछ चुनी हुई पाक विधियाँ नीचे दी गई हैं।

वर्ष मकर सक्रान्ति के पर्व से शुरू होता है जो सूर्य से संबंधित है। इस त्योहार की तिथि 14 जनवरी ही रहती है। यह अच्छी फसलों के हर्ष का भी उत्सव है। इस दिन विशेष रूप से युवा और बूढ़े सब मिलकर पतंग उड़ाने का आनंद लेते हैं। आकाश रंग–बिरंगी पतंगों से भरा रहता है। लोग गरीबों को दान देते हैं और मंदिर भी जाते हैं।

मकर सक्रान्ति के अवसर पर भारत के उत्तर और पश्चिमी भागों में तिल और गेहूँ की मिठाइयाँ बनाई जाती हैं। तिल कैल्शियम, लौह तत्त्व, प्रोटीन और वसा का एक समृद्ध स्रोत है।

तिल लड्डू

10–12 लड्डू बनाने के लिए
तैयारी का समय: 5 मिनट
पकाने का समय: 10 मिनट

सामग्री:

तिल (सफेद): 100 ग्राम
गुड़: 80 ग्राम
घी: 5 ग्राम

विधि:

- धीमी आँच पर तिल भून लें, जब तिल थोड़ा फूलने लगे और महक आने लगे, आसानी से दबाये जा सकें, तो यह तिलों के पूरी तरह भुन जाने का संकेत है।
- कड़ाही में घी गरम करें, गुड़ डालें, घुल जाने तक पकाएं, लगातार चलाते रहें। भुने तिल डाल कर अच्छी तरह मिक्स करें और एक अर्ध ठोस स्टिकी पेस्ट बना लें।
- गरम मिश्रण के लड्डू बनाएं, हथेली में पानी लगा लें ताकि हाथों में चिपके नहीं।

मूल्य संवर्धन:
मावा (खोया) को भी तिल लड्डू में मिलाया जा सकता है।

प्रति 100 ग्राम पोषक मूल्य:

प्रोटीन ग्राम	ऊर्जा कैलोरी	कैल्शियम मिलीग्राम	लोहा मिलीग्राम	कैरोटिन μ ग्राम	थायमिन (बी 1) मिलीग्राम	राइबोफ्लेविन (बी 2) मिलीग्राम	नायासिन (बी 3) मिलीग्राम
18.6	914	1544	11.3	90	1.0	0.3	4.4

तिल बरफ़ी

तिल के चौकोर मीठे पीस

12 पीस बनाने के लिए
तैयारी का समय: 5 मिनट
पकाने का समय: 10 मिनट

सामग्री:
तिल (सफेद): 100 ग्राम
मावा: 100 ग्राम
बारीक पिसी चीनी: 100 ग्राम

विधि:

- तिल भूनकर मिक्सर में पीस लें।
- धीमी आग पर मावा को 4–5 मिनट तक भूनें। गैस बंद कर दें।
- बारीक पिसी चीनी, तिल को मावा में डालें और अच्छी तरह मिलाएं। एक थाली में घी लगा लें, मिक्सचर को जमाएं, चपटी सतह वाली चम्मच से समतल कर लें।
- जब मिक्सचर ठंडा हो जाये, तो चौकोर टुकड़ों में काट लें।

विविधता:

- इस मिश्रण से लड्डू भी बनाये जा सकते हैं।
- भुनी दरदरी मूंगफली या बारीक कटे सूखे मेवे भी इस मिक्सचर में मिलाये जा सकते हैं।

प्रति १०० ग्राम पोषक मूल्य:

प्रोटीन ग्राम	ऊर्जा कैलोरी	कैल्शियम मिलीग्राम	लोहा मिलीग्राम	कैरोटिन μ ग्राम	थायमिन (बी 1) मिलीग्राम	राइबोफ्लेविन (बी 2) मिलीग्राम	नायासिन (बी 3) मिलीग्राम
38.3	1374	2418	9.46	209	1.24	0.8	4.8

दूधिया खीच

गेहूँ एवं दूध का दलिया

4 सर्विंग्स बनाने के लिए
तैयारी का समयः 20 मिनट
पकाने का समयः 30 मिनट

यह राजस्थान के मेवाड़ क्षेत्र में मकर संक्रान्ति पर बनाया जाता है।

सामग्री:
डिब्रान्ड गेहूँ: 100 ग्राम
दूध: 500 ग्राम
चीनी: 75 ग्राम
पानी: 400 मिलीलीटर
इलायची: 3–4

विधि:

- डिब्रान्ड गेहूँ को रात भर भिगो कर रखें।
- प्रेशर कुकर में 20 मिनट तक पकायें, दूध मिलाएं और दुबारा पकायें, धीमी आग पर बीच–बीच में चलाते हुये 15 मिनट तक पकाते रहें जब तक मिक्सचर गाढ़ा और चिपचिपा न हो जाये।
- चीनी डाल कर 3 मिनट तक पकायें, इलायची पाउडर मिलाएं।
- इच्छानुसार गरम या ठंडा परोसें।

प्रति 100 ग्राम पोषक मूल्य:

प्रोटीन ग्राम	ऊर्जा कैलोरी	कैल्शियम मिलीग्राम	लोहा मिलीग्राम	कैरोटिन μ ग्राम	थायमिन (बी 1) मिलीग्राम	राइबोफ्लेविन (बी 2) मिलीग्राम	नायासिन (बी 3) मिलीग्राम
27.9	979	650	6.4	329	0.7	1.2	6.0

केसरिया भात

मीठे पीले चावल

केसरिया भात विशेष रूप से बसन्त पंचमी के अवसर पर बनाया जाता है जो बसन्त ऋतु के आने पर मनाया जाता है। प्रकृति ताजा फूलों से सुशोभित होती है। बहुत से लोग इस दिन देवी सरस्वती (ज्ञान और संगीत की देवी) की पूजा करते हैं।

4 सर्विंग्स बनाने के लिए
तैयारी का समयः 5 मिनट
पकाने का समयः 20 मिनट

सामग्रीः

चावलः 100 ग्राम
घीः 15 ग्राम
चीनीः 80 ग्राम
केसर/जाफरानः 15–20 फ्लेक्स
इलायचीः 2 पीस
बादामः 5 पीस
पानीः 200 मिलीलीटर

विधिः

- चावल को धो लें और 15 मिनट के लिए भिगो दें। घी गरम करें और चावल डाल दें।
- चावलों को 2–3 मिनट तक भूनें, पानी डालें, धीमी आँच पर तैयार होने तक पकाएं।
- केसर फ्लेक्स को गरम पानी में भिगोकर मसल लें।
- चीनी एवं केसर वाला पानी डालें, अच्छी तरह मिक्स करें, धीमी आँच पर 7–8 मिनट तक पकाएं। इलायची पाउडर और कटे बादाम से गार्निश करें और गरम–गरम परोसें।

प्रति १०० ग्राम पोषक मूल्यः

प्रोटीन ग्राम	ऊर्जा कैलोरी	कैल्शियम मिलीग्राम	लोहा मिलीग्राम	कैरोटिन μ ग्राम	थायमिन (बी 1) मिलीग्राम	राइबोफ्लेविन (बी 2) मिलीग्राम	नायासिन (बी 3) मिलीग्राम
8.9	864	42.6	1.2	90	0.1	0.1	2.34

ओलिया

शीतला अष्टमी भारत के उत्तरी और पश्चिमी हिस्सों में होली के बाद मनाई जाती है। यह गर्मियों के आरम्भ का प्रतीक है। राजस्थान में यह ग्रामीण और शहरी इलाकों के महत्वपूर्ण समारोहों में से एक है। महिलाएं रंगीन पारम्परिक पोशाक पहनती हैं। वे सुबह में मंदिरों में जा कर पूजा करती हैं और अपने बच्चों के लंबे जीवन के लिए प्रार्थना करती हैं। ओलिया, गुलगुले, पूरी, सब्जी जैसे विविध व्यंजन एक दिन पूर्व तैयार किये जाते हैं और शीतला अष्टमी पर खाये जाते हैं। इस भोजन को बासोड़ा कहा जाता है (एक दिन पहले पकाया खाना)। उस दिन ताजा खाना नहीं पकाया जाता है।

नमकीन ओलिया

नमकीन दही चावल

सादा चावल एक दिन पहले बना लिया जाता है क्योंकि त्योहार के दिन खाना नहीं पकाया जाता है। सादे चावल में अन्य सामग्री मिलाई जाती हैं।

2 सर्विंग्स बनाने के लिए
तैयारी का समयः 10 मिनट

सामग्री:
नरम उबले चावलः 100 ग्राम
दहीः 250 ग्राम
भुना जीरा पाउडरः 10 ग्राम
भुनी पीली सरसों पाउडरः 5 ग्राम

विधि:

- हंग कर्ड (दही) बनाने के लिए आवश्यक मात्रा में दही लें और मलमल के कपड़े में रखकर दोनों सिरों को अच्छी तरह कस कर पोटली बनाकर $\frac{1}{2}$ घंटे के लिए टांग दें, जिससे उसका पानी काफी मात्रा में निकल जाता है। इससे दही कम खट्टा, गाढ़ा, चिकना और अधिक स्वादिष्ट होता है। ताजा दही का उपयोग पानी निकाले बिना भी किया जा सकता है।
- दही को कटोरे में निकाल लें।
- पके चावल को दही में मिला लें।
- नमक, भुना राई, सरसों और जीरा पाउडर मिलाएं और ठण्डा या सामान्य तापमान का परोसें।

प्रति १०० ग्राम पोषक मूल्य:

प्रोटीन ग्राम	ऊर्जा कैलोरी	कैल्शियम मिलीग्राम	लोहा मिलीग्राम	कैरोटिन μ ग्राम	थायमिन (बी 1) मिलीग्राम	राइबोफ्लेविन (बी 2) मिलीग्राम	नायासिन (बी 3) मिलीग्राम
14.1	357	456	1.37	108.5	1.4	0.49	1.53

मीठा ओलिया

मीठे दही चावल

6 सर्विंग्स बनाने के लिए
तैयारी का समयः 10 मिनट

सामग्री:
नरम उबले चावलः 100 ग्राम
दहीः 250 ग्राम
बारीक पिसी चीनीः 50 ग्राम
बादाम और पिस्ता (कटा हुआ): 10 ग्राम
इलायची पाउडरः एक चुटकी
केसरः कुछ फ्लेक्स

विधि:

- हंग कर्ड (दही) बनाने के लिए आवश्यक मात्रा दही लें और मलमल के कपड़े में रखकर दोनों सिरों को अच्छी तरह कस कर पोटली बनाकर ½ घंटे के लिए टांग दें, जिससे उसका पानी काफी मात्रा में निकल जाता है। इससे दही कम खट्टा, गाढ़ा, चिकना और अधिक स्वादिष्ट होता है। ताजा दही का उपयोग पानी निकाले बिना भी किया जा सकता है।
- दही को कटोरे में निकाल लें।
- एक छोटे चम्मच गरम दूध में केसर को मसल लें।
- चावल, दही, चीनी, इलायची पाउडर और केसर का मिक्स कर लें।
- बादाम और पिस्ता से गार्निश करें।

प्रति १०० ग्राम पोषक मूल्य:

प्रोटीन ग्राम	ऊर्जा कैलोरी	कैल्शियम मिलीग्राम	लोहा मिलीग्राम	कैरोटिन μ ग्राम	थायमिन (बी 1) मिलीग्राम	राइबोफ्लेविन (बी 2) मिलीग्राम	नायासिन (बी 3) मिलीग्राम
14.2	587.5	406.5	1.35	84.7	1.4	0.5	1.69

पापड़ी

मीठी और नमकीन पापड़ी गणगौर उत्सव के दौरान बनाई जाती है जो मार्च–अप्रैल के महीनों में मनाया जाता है। यह त्योहार पति की दीर्घायु के लिए मनाया जाता है। महिलाएं उपवास रखती हैं और रंगीन कपड़े पहनती हैं। गणगौर माता का जुलूस निकाला जाता है जहां महिलाएं देवी पार्वती और भगवान शिव की प्रतिमाएं लेकर चलती हैं। इस अवसर पर कई व्यंजन तैयार किए जाते हैं।

मीठी पापड़ी

मीठी कुरकुरी पापड़ी

10–12 पापड़ी बनाने के लिए
तैयारी का समयः 10 मिनट
पकाने का समयः 15 मिनट

सामग्रीः

गेहूँ का आटाः 100 ग्राम
गुड़ः 50 ग्राम
तिलः 10 ग्राम
मोयन के लिए तेलः 20 ग्राम
तेलः तलने के लिए

विधिः

- तिल और तेल को आटे में डालकर अच्छी तरह मसल लें। थोड़े गरम पानी में गुड़ को घोल लें। गुड़ वाले पानी को आटे में धीरे–धीरे डालें एवं सख्त पेड़ा बना लें, पेड़े को अच्छी तरह गूंधे और 10 मिनट के लिए रख दें।
- छोटे–छोटे गोले बनाकर प्रत्येक को 2" से 3" के व्यास में बेल लें। प्रत्येक पापड़ी में कांटे से छेद कर लें जिससे तलते समय पापड़ी फूलें नहीं।
- तेल गरम करें, पापड़ी को धीमी आँच पर सुनहरा होने तक तलें। ठंडा होने पर हवाबंद डिब्बे में रखें।

प्रति 100 ग्राम पोषक मूल्यः

प्रोटीन ग्राम	ऊर्जा कैलोरी	कैल्शियम मिलीग्राम	लोहा मिलीग्राम	कैरोटिन μ ग्राम	थायमिन (बी 1) मिलीग्राम	राइबोफ्लेविन (बी 2) मिलीग्राम	नायासिन (बी 3) मिलीग्राम
14.13	1038	233	7.15	35	0.6	0.2	4.74

नमकीन बेसन पापड़ी

नमकीन कुरकुरी

10–12 पापड़ी बनाने के लिए
तैयारी का समय: 10 मिनट
पकाने का समय: 20 मिनट

सामग्री:

बेसन: 100 ग्राम
मैदा: 20 ग्राम
मोयन के लिए तेल: 25 ग्राम
लाल मिर्च पाउडर: स्वादानुसार
अजवायन: एक चुटकी
तेल: तलने के लिए
नमक: स्वादानुसार

विधि:

- बेसन और मैदा को मिक्स कर लें। नमक, अजवायन और तेल को इस मिश्रण में डालें, अच्छी तरह मिलाएं। थोड़ा कम सख्त पेड़ा बना लें, आधे घंटे के लिए रख दें।
- छोटे–छोटे गोले बना कर प्रत्येक को 2"-3" व्यास में बेल लें। प्रत्येक पापड़ी में कांटे से छेद कर लें जिससे तलते समय पापड़ी फूलें नहीं।
- तेल गरम करें, पापड़ी को धीमी आँच पर सुनहरा होने तक तलें। ठंडा होने पर हवा बंद डिब्बे में रखें।

प्रति 100 ग्राम पोषक मूल्य:

प्रोटीन ग्राम	ऊर्जा कैलोरी	कैल्शियम मिलीग्राम	लोहा मिलीग्राम	कैरोटिन μ ग्राम	थायमिन (बी 1) मिलीग्राम	राइबोफ्लेविन (बी 2) मिलीग्राम	नायासिन (बी 3) मिलीग्राम
23.0	981	60.6	5.8	134	0.5	0.2	2.9

रबड़ी के मालपुए

20 बनाने के लिए
तैयारी का समय: 15 मिनट
पकाने का समय: 30 मिनट

हरियाली अमावस्या वर्षा ऋतु में श्रावण मास (मध्य जुलाई से मध्य अगस्त) में वर्षा की ताजगी और हरियाली का आनंद लेने के लिए मनाया जाता है। यह उदयपुर का एक प्रसिद्ध है। दो दिवसीय मेले का आयोजन फतेहसागर झील और शाही सहेलियों की बाड़ी उद्यान के चारों ओर किया जाता है। यह पहले दिन सभी के लिए खुला होता है, जबकि दूसरे दिन केवल महिलाओं के लिए खुलता है। इस अवसर को चिह्नित करने के लिए विशेष व्यंजन तैयार किये जाते हैं। मालपुआ इस का एक विशेष पकवान है।

सामग्री:

दूध: 500 ग्राम
मावा: 250 ग्राम
मैदा: 150 ग्राम
चीनी: 250 ग्राम
घी: तलने के लिए

विधि:

- मावा और मैदा को गरम दूध में मिला लें। अच्छी तरह मिलायें करें ताकि गुठली न पड़े। स्टील की छलनी में छान लें। मिश्रण को मध्यम गाढ़ापन का रखें।
- चीनी की आधे तार की चाशनी बना लें।
- चपटे तले वाली कड़ाही या नॉन–स्टिक फ्राइंग पैन में मालपुए तलने के लिए घी गरम करें।
- घोल को चम्मच से थोड़ी–थोड़ी मात्रा में गरम घी में 2–3 जगह डालें, जब पुआ घी की सतह पर आ जाये तब पलट दें, सुनहरा होने तक तलें।
- मालपुए निकाल चाशनी में अच्छी तरह डुबो दें।
- जब मालपुओं में चाशनी अच्छी तरह भर जाएं, तो उन्हें बाहर निकाल लें। दो चपटी चम्मचों के बीच दबाकर अतिरिक्त चाशनी निकाल दें।
- गरम–गरम परोसें।

प्रति 100 ग्राम पोषक मूल्य:

प्रोटीन ग्राम	ऊर्जा कैलोरी	कैल्शियम मिलीग्राम	लोहा मिलीग्राम	कैरोटिन μ ग्राम	थायमिन (बी 1) मिलीग्राम	राइबोफ्लेविन (बी 2) मिलीग्राम	नायासिन (बी 3) मिलीग्राम	विटामिन सी 1 मिलीग्राम
82.8	4433	3061	5.5	765	1.0	2.0	5.1	15

रोठ

त्योहार पर बनने वाली मीठी रोटी

2 पीस बनाने के लिए
तैयारी का समय: 10 मिनट
पकाने का समय: 20 मिनट

जयपुर और उसके आसपास के क्षेत्रों में तीज एवं अनंत चतुर्दशी त्योहार पर रोठ बनाया जाता है। ये त्योहार वर्षा ऋतु में मनाये जाते हैं, जो अगस्त–सितम्बर के महीने में आते हैं।

सामग्री:

आटा: 200 ग्राम
मोयन के लिए तेल: 30 ग्राम
घी: 40 ग्राम
नारियल पाउडर: 10 ग्राम
अजवायन: 5 ग्राम
नमक: स्वादानुसार

विधि :

- आटे में तेल (मोयन) नमक, अजवायन और नारियल पाउडर मिला लें, अच्छी तरह मसलें, पानी डालकर सख्त पेड़ा बना लें और आधे घंटे के लिए रख दें। पेड़े को दो भागों में बांटकर दो गोले बना लें।
- दोनों को 1 सेंटीमीटर की मोटाई में बेल लें। धीमी आँच पर दोनो तरफ से अच्छी तरह सेंक लें। सुनहरा हो जाने पर आँच से उतार लें। रोठ को चाकू या कांटे से छोटे–छोटे छेद करें और घी लगाएं।
- रायता, सब्जी, अचार और केर सांगरी के साथ गरम परोसें।

प्रति 100 ग्राम पोषक मूल्य:

प्रोटीन ग्राम	ऊर्जा कैलोरी	कैल्शियम मिलीग्राम	लोहा. मिलीग्राम	कैरोटिन μ ग्राम	थायमिन (बी 1) मिलीग्राम	राइबोफ्लेविन (बी 2) मिलीग्राम	नायासिन (बी 3) मिलीग्राम
24.9	1396	212	5.4	298	0.98	0.34	9.0

गुना

कुरकुरे तले मीठे रिंग्स

12–15 रिंग्स बनाने के लिए
तैयारी का समय: 20 मिनट
पकाने का समय: 15 मिनट

गुना गणगौर के त्योहार पर बनाया जाता है जो होली के बाद आता है।

सामग्री:

मैदा: 100 ग्राम
चीनी: 100 ग्राम
मोयन के लिए तेल: 30 ग्राम
तेल: तलने के लिए

विधि:

- आटे में तेल मिला लें, अच्छी तरह मसलें, पानी डालकर सख्त पेड़ा बना लें और 15 मिनट के लिए रख दें। एक गोला बना लें, 1 मिलीमीटर की मोटाई में बेल लें। $\frac{1}{2}$" की चौड़ाई में स्ट्रिप्स काट लें। प्रत्येक स्ट्रिप से गोल रिंग बना लें। हर रिंग 1" से 2" व्यास का होना चाहिए। इन रिंग्स को सुनहरा होने तक तलें।
- तार की चाषनी बना लें, तले हुए रिंग्स को चाशनी में 2–3 मिनट तक डुबो दें। थोड़ी देर बाद पलट दें। आख़िर में रिंग्स में से अतिरिक्त चाशनी निकाल दें। इन्हें गुना कहा जाता है।

प्रति 100 ग्राम पोषक मूल्य:

प्रोटीन ग्राम	ऊर्जा कैलोरी	कैल्शियम मिलीग्राम	लोहा मिलीग्राम	कैरोटिन μ ग्राम	थायमिन (बी 1) मिलीग्राम	राइबोफ्लेविन (बी 2) मिलीग्राम	नायासिन (बी 3) मिलीग्राम
11.0	1284	23	2.7	25	0.1	0.1	2.4

शब्दावली

अचार : पिकल
अजवायन : केरम/ओमम
अदरक : जिंजर
अनाज : सीरियल्स
अमचूर : ड्राई रॉ मैंगो पाउडर

आटा : अनरिफाइंड व्हीट फ़्लोर
आम रस : राइप मैंगो जूस
इमली : टैमरिंड
इमामदस्ता : आयरन मोर्टार–पेस्टल

इलायची : कार्डेमम

कटोरी : बाउल विद फ़्लैट सरफ़ेस
काली मिर्च : ब्लैक पेप्पर
किशमिश : रेज़िन्स
कीमा : मिन्स्ड मीट
केर सांगरी : ड्राइड वेजिटेबल्स
केसर : सेफ़रन

खाना : फूड
खीर : मिल्क एंड राइस पुडिंग

खोया : कन्डेंस्ड मिल्क
गरम मसाला : पाउडर ऑफ़ क्लोव, ब्लैक पेप्पर, सिनेमन, बे लीव्स, कार्डामॉम
गाजर : कैरट

चावल : राइस

छिलका : पील्स
ज़ायका : टेस्ट
जाली : फ़्लैट मेश
जीरा : क्युमिन सीड
जौ : बार्ले
ज्वार : सौरघुम
टिकिया : फ़्लैट राउंड कटलेट

तलवाँ : डीप फ़्राइड
तिल : जिंजली/सीसम सीड
तीज–त्योहार : फ़ेस्टिवल
तेज पत्ता : बे लीफ़
थाली : फ़्लैट बिग प्लेट

दलिया : ब्रोकन सीरियल्स

दाना मेथी : फ़ेनूग्रीक सीड
दाल : ब्रोकन पल्स
धनिया : ड्राई कोरिएंडर पाउडर
धुंधारू : स्मोकी
पधारो म्हारे देश : वेल्कम टू माई कंट्री/स्टेट
परात : लार्ज मेटल फ़्लैट प्लेट विद रेज़्ड एज्ज
पिस्ता : पिस्टाचिओ

बाजरा : पर्ल मिलेट
बादाम : आल्मंड
बाफ़ला : बॉयल्ड एंड बेक्ड/फ़्राइड बाटी
बेसन : बंगाल ग्राम दाल फ़्लोर
भात : राइस
मनुहार : हॉस्पिटेलिटी
मांस : मटन
मांसाहारी : नॉन वेजिटेरियन फूड
मावा/खोया : कन्डेंस्ड मिल्क
मीठा : स्वीट
मीठा नीम : करी लीव्स/करी पत्ता
मुठिया : फ़िस्ट शेप्ड बॉल
मूली : रेडिश

मेथी दाना : फ़ेनूग्रीक सीड
मैदा : रिफ़ाइंड व्हाइट व्हीट फ़्लोर
मोयन : फ़ैट एडिड इन फ़्लोर एज़ सॉफ़्टनिंग एजेंट बिफ़ोर नीडिंग
रतालू : ऑर्डिनरी यैम
लहसुन : गार्लिक
लाल मिर्च : रेड चिली
लीलवा : टेंडर ग्रीन चना
लौंग : क्लोव

सब्जियाँ : वेजिटेबल्स
सादी : सिम्पल

साबुत लाल मिर्च : होल रेड चिली
सूजी : व्हीट रवा/सेमोलिना

सौंफ : फ़ेनल
स्वादभरी : फुल ऑफ़ टेस्ट

हल्दी : टर्मरिक
हींग : अस्फ़ोटिडा

तालिका

तालिका 1. सामान्यतः खाये जाने वाले अनाजों के पोषक मूल्य प्रति 100 ग्राम

पोषक मूल्य प्रति 100 ग्राम	सूखी मक्का	नरम मक्का	गेहूँ	बाजरा	ज्वार	जौं	चावल
प्रोटीन ग्राम	11.1	4.7	11.8	11.6	10.4	11.5	6.8
वसा	3.6	0.9	1.5	`5.0	1.9	1.3	0.5
कार्बोहाइड्रेट ग्राम.	66.2	24.6	71.2	67.5	72.6	69.6	78.2
ऊर्जा कैलोरी	342	125	346	361	349	336	345
फ़ाइबर ग्रा.	2.7	1.9	1.2	1.2	1.6	3.9	0.2
कैल्शियम मिलि ग्रा.	10	9	41	42	31	26	10
फास्फोरस मिलि ग्रा.	348	121	306	296	290	215	160
लौह तत्त्व	2.3	1.1	5.3	8.0	2.8	1.67	0.7
कैरोटिन μ ग्राम	90	32	64	132	47	10	0
थायमिन (बी 1) मि.ग्रा.	0.42	0.11	0.45	0.33	0.37	0.47	0.06
राइबोफ्लेविन (बी 2) मि.ग्रा.	0.10	0.17	0.17	0.25	0.13	0.20	0.06
नायासिन (बी 3) मि..ग्रा.	1.8	0.6	5.5	2.3	3.1	5.4	1.9

तालिका 2. सामान्यतः खायी जाने वाली दालों के पोषक मूल्य प्रति 100 ग्राम

पोषक मूल्य प्रति 100 ग्राम	चना दाल	काला चना	लोबिया	साबुत हरा चना	हरा चना दाल	मोठ
प्रोटीन ग्राम	20.8	24.0	24.1	24.5	24.5	23.6
ऊर्जा	5.6	1.4	`1.0	1.3	1.2	1.1
कार्बोहाइड्रेट ग्रा.	59.8	59.6	54.5	56.7	59.9	56.5
ऊर्जा कैल	372	347	323	338	348	330
फ़ाइबर ग्राम	1.2	0.9	3.8	4.1	0.8	4.0
कैल्शियम मि. ग्रा.	56	154	124	75	75	202
फ़ॉस्फोरस मि.ग्रा.	331	385	326	326	405	330
लौह तत्त्व	5.3	3.8	4.4	4.4	3.9	9.5
कैरोटिन μ ग्राम	129	38	12	94	49	9
थायमिन (बी 1) मि.ग्रा.	0.48	0.42	0.51	0.47	0.47	0.45
राइबोफ्लेविन (बी 2) मि.ग्रा.	0.18	0.20	0.20	0.27	0.21	0.09
नायासिन (बी 3) मि..ग्रा.	2.8	2.0	1.3	2.1	2.4	1.5

तालिका 3. चुनिंदा सब्जियों के पोषक मूल्य पोषण प्रति 100 ग्राम

सब्जी	प्रोटीन ग्रा.	कैरोटिन	विटामिन सी मि.ग्राा.	उर्जा कैलोरी	फ़ाइबर ग्रा.	कैलोरी मि.ग्राा.	फ़ॉस्फोरस मि.ग्रा.	लौह तत्त्व मि.ग्रा.
बथुआ	3.7	1740	35	30	0.8	150	80	4.2
धनिया	3.3	6918	135	44	1.2	184	71	1.42

मेथी	4.4	2340	52	49	1.1	395	51	1.93
पालक	2.0	5580	28	26	0.6	73	21	1.14
रतालू	1.4	78	00	111	1.0	35	20	1.19
आलू	1.6	24	17	97	0.4	10	40	0.5
टमाटर	0.9	351	27	20	0.8	48	20	0.64
हरी मिर्च	2.9	175	111	29	6.8	30	80	4.4
लहसुन	6.3	00	13	145	0.8	30	310	1.2
प्याज	1.8	15	11	59	0.6	46.9	60	1.2
नींबू	1.0	9	0	39	1.7	70	10	0.26
हल्दी	6.3	30	0	349	2.6	150	60	3.5
अदरक	2.3	40	6	67	2.4	20	28.2	6.78
मटर	7.2	83	9	93	4.0	20	139	1.5
आमला	0.5	9	600	58	3.4	50	20	1.2

तालिका 4. दूध और दूध के बने व्यंजनों के पोषक मूल्य पोषण मूल्य प्रति 100 ग्राम

Item	प्रोटीन ग्रा.	वसा	कार्बोहाइड्रेट ग्रा.	उर्जा कैलोरी	कैलोरी मि.ग्रा.	फ़ॉस्फोरस मि.ग्रा.	लौह तत्त्व मि.ग्रा.
भैंस का दूध	4.3	6.5	5.0	117	210	130	0.2
गाय का दूध	3.2	4.1	4.4	67	120	90	0.2
गाय के दूध का दही	3.1	4.0	3.0	60	149	93	0.2
छाछ	0.8	1.1	0.5	15	30	30	0.1
खोया	14.6	31.2	20.5	421	650	420	5.5

तालिका 5. राजस्थान में खाये जाने वाले मांसाहारी व्यंजनों के पोषक मूल्य प्रति 100 ग्राम

व्यंजन	प्रोटीन ग्रा.	वसा	कार्बोहाइड्रेट ग्रा.	ऊर्जा कैलोरी	कैरोटिन μ ग्रा.	कैल्शियम मि.ग्रा.	फ़ॉस्फोरस मि.ग्रा.	लौह तत्त्व मि.ग्रा.
चिकन	25.9	0.6	00	109	0	25	245	0
मटन	18.5	13.3	00	194	9	150	150	2.5
कटला मछली	19.5	2.4	2.9	111	0	530	235	0.9
रोहू मछली	16.6	1.4	4.4	97	0	650	175	1.0
मुर्गी का अंडा	13.5	13.7	0.8	181	420	70	173	2.1

तालिका 6. राजस्थान में प्रयोग होने वाले मसालों के पोषक मूल्य प्रति 100 ग्राम

मसाले	प्रोटीन ग्रा.	कार्बोहाइड्रेट ग्रा.	ऊर्जा कैलोरी	कैल्शियम मि.ग्रा.	फ़ॉस्फोरस मि.ग्रा.	लौह तत्त्व मि.ग्रा.
अजवायन	17.1	24.6	363	1525	443	12.5
जीरा	18.7	36.6	356	1080	511	11.7
हींग	4	67.8	297	690	50	39.4
मेथी दाना	26.2	44.1	333	160	370	6.5
लाल मिर्च	15.9	31.6	246	160	370	2.3
हल्दी	6.3	69.4	349	150	282	67.8
काली मिर्च	11.5	49.2	304	460	198	12.4
लौंग	5.2	46	286	740	100	11.7
इलायची	10.2	42.1	229	130	160	406

स्रोतः न्यूट्रिटिव वैल्यू ऑफ़ इंडियन फूड्स. सी गोपालन एवं अन्य. नेशनल इंस्टीट्यूट ऑफ़ न्यूट्रीशन, हैदराबाद, संपादन 2011

तालिका 7. प्रस्तावित दैनिक आहारिक आवश्यकता

समूह श्रेणी	श्रेणी	प्रोटीन ग्रा.	ऊर्जा कैल	कैल्शियम मि.ग्रा.	लौह तत्त्व मि.ग्रा.	कैरोटिन μ ग्रा.	थायमिन (बी 1) मि.ग्रा.	राइबोफ्लेविन (बी 2) मि.ग्रा.	नायासिन (बी 3) मि.ग्रा.	विटामिन सी मिकृ ग्रा.
पुरुष	कम श्रम करने वाले वाले	60	2320	600	17	4800	1.2	1.4	16	40
	मध्यम श्रम करने वाले		2730				1.4	1.6	18	
	अधिक श्रम करने वाले		3490				1.7	2.1	21	
स्त्री	कम श्रम करने वाले वाले	50	1900	600	21	4800	1.0	1.1	12	40
	मध्यम श्रम करने वाले		2230				1.1	1.3	14	
	अधिक श्रम करने वाले		2850				1.4	1.7	16	
	गर्भवती	15	350	1200	35	6400	0.2	0.3	2	60
	दूध पिलाने वाली माँ (0–6 माह तक)	25	600		21	7600	0.3	0.4	4	80
	दूध पिलाने वाली माँ (6–12 माह तक)	18	520				0.2	0.3	3	80
बच्चे	1–3 वर्ष	16.7	1060	500	9	2800	0.5	0.6	98	25
	4–6 वर्ष	20.1	1350	600	13	3200	0.7	0.8	11	40
	7–9 वर्ष	29.5	1690	600	16	3200	0.8	1	13	40
लड़के	10–12 वर्ष	39.9	2190	800	21	4800	1.1	1.3	15	40
लड़कियाँ	10–12 वर्ष	40.4	2010		27		1.0	1.2	13	
लड़के	13–15 वर्ष	54.3	2750	800	32	4800	1.4	1.6	16	40
लड़कियाँ	13–15 वर्ष	51.9	2330		27		1.2	1.4	14	
लड़के	16–18 वर्ष	61.5	3020	800	28	4800	1.5	1.8	17	40
लड़कियाँ	16–18 वर्ष	55.5	2440		26		1.0	1.2	14	

स्रोतः डाइटरी अलाउंस फॉर् इंडियन्स. 2010 डी.जी.एन.वी. ब्रह्मम्, वैज्ञानिक "एफ़" एचओडी डिवीज़न ऑफ़ कम्युनिटी स्टडीज़, नेशनल इंस्टीट्यूट ऑफ़ न्यूट्रीएंट्स, (आई.सी.एम.आर.), जामा–ए–उस्मानिया (पी.ओ.), हैदराबाद – 500007

माप तालिका

ब्रिटिशकालीन माप और कप एवं तौल के मीट्रिक माप में लगभग 10% का अंतर होता है, लेकिन अनुपात समान ही रहता है। अतः सही खाना पकाने के लिए या तो कप एवं तौल का या ब्रिटिशकालीन माप अपनाएं। दोनों का मिश्रण ना करें।

ब्रिटिशकालीन माप	मीट्रिक माप
½ आउंस	15 ग्राम
1 आउंस	30 ग्राम
2 आउंस	60 ग्राम
3 आउंस	90 ग्राम
4 आउंस (पाउंड)	152 ग्राम
6 आउंस	185 ग्राम
8 आउंस (½ पाउंड)	250 ग्राम
12 आउंस (¾ पाउंड)	375 ग्राम
16 आउंस (1 पाउंड)	500 ग्राम
24 आउंस (1½ पाउंड)	750 ग्राम
32 आउंस (2 पाउंड)	1000 ग्राम (1 किलो)
3 पाउंड	1500 ग्राम (1.5 किलो)
4 पाउंड	2000 ग्राम (2 किलो)

ब्रिटिशकालीन तरल माप	कप माप	मीट्रिक तरल माप
1 तरल आउंस		30 मि.लि
2 तरल आउंस	$^1/_4$ कप	60 मि.लि
3 तरल आउंस	$^3/_4$ कप	100 मि.लि
4 तरल आउंस	$^1/_2$ कप	140 मि.लि
5 तरल आउंस	$^3/_4$ कप	150 मि.लि
6 तरल आउंस	1 कप	
8 तरल आउंस	$1^1/_4$ कप	250 मि.ग्रा.
10 तरल आउंस	$1^1/_2$ कप	
12 तरल आउंस	$1^3/_4$ कप	
14 तरल आउंस	2 कप	
16 तरल आउंस	$2^1/_2$ कप $^1/_2$ बनचे	500 मि.ग्रा.

ओवन तापमान निर्देशिका

ओवन विवरण	सेल्सियस (°C)	फ़ारेनहाइट (°F)	गैस मार्क
ठंडा	100	200	$^1/_4$
बहुत धीमा	120	250	$^1/_2$
धीमा	150	300	2
मध्यम धीमा	160	325	3
मध्यम	180	350	4
कम गर्म	190	375	5
गर्म	200	400	6
बहुत गर्म	230	450	8

आभार

यह पुस्तक पांच दशकों तक रसोई में अपने प्रिय परिवार और दोस्तों के लिए खाना पकाते हुए हमारे व्यक्तिगत अनुभव और प्रयोगों पर आधारित है। इसके लिए हम कई मित्रों और सहकर्मियों के आभारी हैं, जिन्होंने हमें इसे लिखने और अंततः प्रकाशित करने के लिए प्रोत्साहित किया।

हम अमित गुप्ता का इस किताब में प्रकाशित व्यंजनों एवं राजस्थानी जनजीवन के चित्र खींचने और अपना मूल्यवान समय देने के लिए धन्यवाद ज्ञापन करते हैं। हम कविता भटनागर का विभिन्न मांसाहारी व्यंजनों की विधियों के योगदान के लिए धन्यवाद ज्ञापन करते हैं। हम नियोगी बुक्स के प्रति भी अत्यंत आभारी हैं।

हम हृदय से आभारी है अपने परिवार के अतुल स्नेह एवं संबल के, जिसके कारण ही यह पुस्तक लिखना सम्भव हा सका है।

सुमन भटनागर और पुष्पा गुप्ता
जून 2015
उदयपुर

अनुक्रमणिका